U0064762

EDIFY 愛德法國際培訓
Experienced Reliable Insightful

易經繫辭大義

（下傳）

作者 史幼波

目　錄

下　傳

易經繫辭大義

第一章

修身與治理天下的正道

第一章　　修身與治理天下的正道

八卦成列，象在其中矣。因而重之，爻在其中矣。剛柔相推，
變在其中矣。繫辭焉而命之，動在其中矣。吉凶悔吝者，生乎動者
也。剛柔者，立本者也。變通者，趣時者也。吉凶者，貞勝者也。
天地之道，貞觀者也。日月之道，貞明者也。天下之動，貞夫一者
也。

夫乾，確然示人易矣。夫坤，隤然示人簡矣。爻也者，效此者
也。象也者，像此者也。爻象動乎內，吉凶見乎外，功業見乎變，
聖人之情見乎辭。天地之大德曰生，聖人之大寶曰位。何以守位曰
仁。何以聚人曰財。理財正辭，禁民為非曰義。

——《繫辭下傳》第一章

總結人事變化規律

我們以前說過，《繫辭》是研究《易經》很重要、很完整的一篇論文，
但是因為文章太長了，過去又是用竹簡栓在一起，翻起來也很累，後來
人們就把它分成兩部分，名之為上下傳，中間根據內容又分了章節。實
際上，它是一整篇文章，中間是很連貫，有些內容也有一些反覆。過去
也有人說，上傳是講的上經，下傳是講的下經，這是似是而非的說法，

不可取。

我們來看下傳的第一章，其立意非常之高，而且講得也是非常精到。本光法師在方山易的傳授當中，對這一章也是非常推崇。這一段確實非常好，文辭言句非常流暢，一氣呵成，不管是從文學上來看還是從精神內涵上來看，都非常之精妙。

「八卦成列，象在其中矣」，八個單卦，乾、坎、艮、震、巽、離、坤、兌，大家在這排隊，陽卦由乾帶隊排一列，陰卦由坤帶隊排成另一列。八卦是各有其象，代表了天地之間八個最大的自然現象、自然元素，所以是「象在其中」。八卦各象的具體所指，我們在前面都仔細講過了，這裡就一筆代過。

下面一句「因而重之，爻在其中矣」，這個組成單八卦的陰陽符號，是不能稱其為爻，只有把它兩個單卦相重，形成六爻卦的時候，才能稱之為爻。單八卦只能稱之為陽儀、陰儀。就是這個「因而重之，爻在其中矣」。《易經》六十四卦，每一個卦的產生，就是這八個單卦兩兩相重。比如乾卦，我們把它作為上卦，然後與其它各卦重一圈。乾卦跟乾卦相重，還是乾；跟坤卦相重，就是天地否卦；跟震卦相重，就是天雷無妄卦；跟巽卦相重，就是天風姤卦；跟坎卦相重，就是天水訟卦；跟離卦相重，就是天火同人卦；跟艮卦相重，就是天山遯卦；跟兌卦相重，就是天澤履卦。乾卦這麼重上一圈，就形成了八個六爻卦。同樣的道理，坤卦再為上卦這麼重上一圈，就又形成了八個六爻卦。其餘以此類推，八個單卦都互相這麼重上一圈，就形成了八八六十四個六爻卦。

有同學說這個卦名不好記，其實，要記《易經》六十四卦，你就用八卦相重的這個方法記，很簡單。我以前記這些卦，就是每天坐公共汽車上班，上車以後就讓八個單卦在腦子裡面重上一遍，乾卦重一圈、坤重一圈……就這麼一個星期下來，就全部記住了。偶爾有忘了的，就翻一下書，後來就再也不會忘記了。大家真正要學《易經》，這個是最基礎的，一定要把六十四卦的卦名、卦象記牢。如果這都記不住，學易也就是湊湊熱鬧而已，沒辦法真正學進去。

「剛柔相推，變在其中矣」，這兩句跟上傳第二章裡「剛柔相推而生變化」，實際上是一個意思。所謂「剛柔相推」，就是易卦六爻，一陰一陽之間相互作用，就產生了易卦的變化。剛，就是陽氣，陽氣性剛；柔，就是陰氣，陰氣性柔。性剛則健，就有乾卦的精神在裡面，表現在人物

的性格上面，就有比較外向、比較積極主動的感覺；性柔則順，就有坤卦的精神在裡面，表現在性格上就是比較內向，比較溫柔，比較和順。

「剛柔相推」的這種變化，我們不要往玄裡想，就在我們的實際生活中體會。我們都有這種經驗的，社會之中的人事變化，看起來好像非常複雜、非常混亂，但是你仔細歸納一下，無非也就是陰陽、剛柔互相作用的結果。尤其是在特定的人事圈子裡面，「剛柔相推，變在其中矣」的感覺會非常明顯。比如我們在書院，每個人都來自不同的單位、不同的行業、不同的圈子，這裡的整個氛圍，就是剛柔相推的結果。大家可以體會一下，哪些人比較性剛，哪些人比較性柔，那麼在這種剛柔之間，三三兩兩不同的小組合，會是一種什麼樣的氛圍？從過去到現在再到以後，會形成什麼樣的變化趨勢？我們把對人事圈子裡的剛柔變化的體會，結合著《易經》卦象來參考，那麼你對你所關注的人事圈子的總體氛圍，即所謂圈子的氣場，你就有比較明確的感受。我們學習《易經》，真正在這個上面找到感覺了，那你就越學越有興趣。

「繫辭焉而命之，動在其中矣」，命之，就是命名、命令，或者是指導，反正就是創造《易經》的聖人們，他們用語言，把易象的內容表達出來，就是「命之」。我們人的一舉一動，還有天地萬物的生剋變化，都包含在易卦爻象當中。

我們剛才說了「八卦成列」，然後「因而重之」變成六十四卦、三百八十四爻。《易經》裡面所繫之辭，把它的語言文字全部加起來，好像也還並不是特別複雜。但是，實際上它是一個極大的歸納，把天地萬象的東西，全都歸納進了這麼一個範疇。即使是平常我們沒有在意的東西，或者是比較複雜、比較細微，甚至是不容易作出明確判斷的東西，都可以根據我們前面學過的「引而伸之，觸類而長之」，把它歸納出來，歸納到《易經》六十四卦、三百八十四爻當中。這些基本現象，都可以通過卦象所繫之辭來命名、來闡釋。那麼，既然是繫了辭，卦有卦辭，爻有爻辭，還有彖辭、象辭這些，很多人就覺得，遇到什麼問題就翻書看嘛，看對應的各辭是怎麼說的。但是，你翻到這些古辭，未必真正就搞得懂，畢竟這些言辭它是兩千多年以前古人寫的，跟現在的事物很難一一對應，所以，學易一定要有觸類旁通的能力，要學活。

比如說古代的一些用語，現在就沒有用了；古代的一些事物，現在也變了。你看爻辭裡面經常有「乘馬班如」這些言辭，現代人哪有「乘

馬」啊？這就得變通。雖然現在沒有人乘這四條腿的馬，但是我們在坐四個輪子的寶馬啊，賓士啊，所以還是可以進行類比。再比如說過去爻辭裡面有「公射隼」這個事，隼就是老鷹嘛，射老鷹，王公大臣出去射老鷹，古代是很正常的活動。但是，現在觀念不一樣了，老鷹都是國家保護動物，發現有人偷獵老鷹的話，要被送去坐牢的。所以遇到這個「公射隼」怎麼辦？你就不能傻乎乎地去偷獵野生動物，而是把它當成一個比喻。當你設定了一個目標，而且這個目標很高遠，你要完成它，那麼就可以說是「公射隼」。

所以學易的人腦子要動起來，要靈活起來，「繫辭焉而命之，動在其中」嘛，那是要動起來才行。我們看易卦各辭，確實是把社會人事當中的規律，做了一個很好的總結，只要我們活學活用，幾千年以來直到現在，人們都能從中受益匪淺。

把握動的本錢

「吉凶悔吝者，生乎動者也。」吉凶悔吝就是我們打卦的結果，一個卦背後必然就會有一些好的、不好的種種結果。當然還有「厲」，就是很嚴厲、很嚴重的情況，還有「無咎」，就是跟你沒有什麼關係，你沒有什麼錯，雖然說結果好像不太好，但是這個不是你的錯，是老天爺的錯，或者是其他人的錯。我們說一個事情，一般不是好就是壞，「悔吝」呢，實際上是指吉凶之間的中間狀態，有些事情有點「悔」，心頭有點後悔、不舒服，還有點「吝」，就是還有點缺陷、不完滿，心頭還留有遺憾。這些結果是怎麼來的呢？為什麼會有這些「吉凶悔吝」的結果呢？就是「生乎動者也」，就是從「動」中而來。

人一動，就要生吉凶，所以我們打出一卦，最重要的是看它的動爻，吉凶往往就在動爻上面體現。我們生而為人，任何人都逃不出「吉凶悔吝」的這些結果，我們人一動，按照佛教的說法，動則生業，你會有業力，那麼業力所致，就有人生的種種境遇。所以我們在這個事情上面，確實要把人生看開、看透，要趨吉避凶，就要培養這種洞悉世間萬象的智慧。

　　既然「吉凶悔吝，生乎動者」，那我不動行不行？看起來行，實際上不行。為什麼呢？人一生下來，哪有不動的呢？不可能不動。生老病死那就是動，喜怒哀樂那就是動，吃喝拉撒也是動，所以動就要生業，不可能不動。即使我們大門不出、二門不邁，每天呆在屋子裡面，你也不能保證自己的思維不動、念頭不動、妄想不生，所以不動根本不可能。

　　成都有一個現代詩人叫張棗，比我這一輩年齡大一點，上世紀五十年代出生的，現在定居歐洲。他的詩寫得非常好，是朦朧詩以後中國的代表性詩人之一。他曾經寫了一首詩叫做《鏡子》，內容就是一個人，每天呆在屋裡沒有事幹，就成天照鏡子，其中有一句詩非常出名：「當我想起一生中後悔的事，梅花就落滿南山。」這是中國現代詩當中的經典名句，有著現代詩中難得的古典之美。這個句子雖然看起來很美，很有禪意，但是仔細想想，一個人就這麼靜靜地呆在屋裡，只要你的思維停不下來，吉凶悔吝就都在裡面。不信你每天照鏡子，日復一日，就會看見頭髮也慢慢變花白了，皺紋也慢慢多了，這個時候就回憶、想起一生中後悔的事情，那真是一言難盡！

　　總之，你想要不動，你想生而為人卻沒有吉凶悔吝這些東西，那是不可能的。不動不行，關鍵是怎麼動才行。《易經》裡面多次提到要「慎動」，上傳第八章裡引的好幾個卦都是要我們「慎動」。為啥要「慎動」呢？常言道，人生不如意者常八九，如意者僅一二，我們看「吉凶悔吝」這四種結果，稱得上好的也就是「吉」，占整個結果的四分之一，其它的凶、悔、吝，都不怎麼好。所以我們要動的時候，一定要小心，一定要謹慎，一定要看準，不要隨便亂動。不僅這樣，一個人呆在家裡面大門不出、二門不邁的時候，也不要胡思亂想。越是在一個人的時候越要「慎獨」，把我們腦袋裡面的七情六欲、喜怒哀樂一定要關照好，看清楚它，管理好，不然的話，就像張棗的那句詩一樣，「想起一生中後悔的事情，梅花就落滿南山」，後悔有什麼用呢？梅花都落滿南山了。所以是「吉凶悔吝，生乎動者」，我們尤其要慎動、慎獨。

　　下面一句，「剛柔者，立本者也」，這個剛柔二氣、陰陽二氣，它是我們人事活動的根本。其它的我們不說，只是從社會人事來體驗的話，它就是我們做人做事的一個根本。西漢的時候，治國的方略是「外示儒術，內用黃老」。你看，外示儒術就是陽面，就是剛的一面；內用黃老，就是陰的一面、柔的一面。西漢之所以有文景之治的太平景象，有漢武

帝時代國力空前的強盛，就是這一陽一陰、一剛一柔的政策結果。我們判斷其它事情也是一樣，要學會辨陰陽、知剛柔，因為一切事情無非都是一陰一陽、一剛一柔相互作用的結果。如果我們明白了萬事萬物中陰陽二氣的這種作用，那麼就可以說知了本。如果我們明白了自己精神內部陰陽二氣的這種變化，那麼就可以說是立本。

所以一個知本，一個立本，事有本末，物有終始。我們在精神當中立了這個本，明瞭其中陰陽變化的這些規律，那麼我們做事情就很簡單了，你本都立了，末還有什麼問題呢？我們的精神就是本，把這個精神發乎其外，建功立業，在人世間行走歷煉，這些就是末。本都立好了，這個末也就是順理成章了。

立於時節因緣而變通

「變通者，趣時者也」，有了前面剛柔立本的這樣一個基礎，有了這個本，那麼你才能夠講變通。如果你本都沒有立，你去講變通，這就是屬於空中樓閣。

我們書院網站的龍江禪堂裡，就經常有一些禪油子跑上來打機鋒風、下轉語，一棒子打過來、一吼吼過去，好像看起來本事都很大，實際上絕大多數人都是空口說大話，真正是沒有找到自己的本。大家都在嘴上談佛法，談空性，談般若，實際上卻根本沒有在心裡面體會到它。所以學佛之人，如果是連戒定慧三學都做不到，連最基本的信願行都沒有在自己的身心中立起來，這個時候去說什麼般若，說什麼空性，那都是假的。我們在社會上做人，如果連仁義禮智信這些事情，這些最根本的東西你都做不到，那麼顯擺那些玄之又玄、妙之又妙的東西，也就毫無作用。所以說學易要立本，做其它事情，也要立本。

那麼，學易立本是立在什麼地方？就是立在對剛柔二氣、對陰陽二氣的這種體會上面，在我們身上，在我們精神中要找到陰陽二氣的感覺。我們上一週寫了邵子的一首詩在這裡，「一物其來有一身，一身還有一乾坤」，我們身上就有乾坤，就有陰陽，我們要找到它。我們從自己身上把乾坤陰陽的感覺找到了，把剛柔二氣的感覺找到了，那才談得上變通。

什麼是變通呢？變通就是「趣時者也」，要趣時。這個「趣」就是「趨」的意思，是一種趨向，是一種趨勢，也可以說是順從。趣時者也，就是指趣向於、順從於時節因緣。從天地萬物的變通來看，從春夏秋冬四季輪迴的這樣一個變化來看，春生、夏長、秋收、冬藏，每個季節有每個季節不同的特點，但是它們又是相通的，並不是說打成了毫不相關的四截，而是一個循序漸進的過程，四時是變通的。面對不同的季節，我們就要與季節相應，我們的生活、我們的工作、我們的精神狀態，就應該有相應的調整，不能說是春天好，那我一年四季全都按春天的方式生活；或者說冬天雪花下得很浪漫，我穿的太空棉很舒服暖和，我一年四季都穿著棉衣。那就不行，一定要變通。夏天冰糕吃得巴適，你不能冬天下雪的時候也吃，吃了就要遭涼，身體就會出問題。所以要知變通，就只能「趣時」，不能「背時」。四川人愛說某某人「背時」，那是很厲害的罵人話，後面要是再加一個詞，說你是「背時砍腦殼」，那就更惡毒了，意思是你違背了時代，要把腦袋給耍脫！

總之，變通本身就是一個原則。從為人處事的角度來看，「趣時者也」，就是趣向於、順從於這個時代。佛教中說要知道時節因緣，也是同樣的道理。這個時節該做什麼事情，這個因緣該做什麼事情，不要強求，要把握時代的步伐，要與時俱進，該顯的時候你就要顯，該隱的時候你就不要顯了，槍打出頭鳥，一臭顯你就要遭秧。古人說「窮則獨善其身，達則兼善天下」，這就是「趣時」的感覺。

孟子說聖人也要「趣時」啊！他說：「伯夷，聖之清者也；伊尹，聖之任者也；柳下惠，聖之和者也；孔子，聖之時者也」。聖之清，伯夷當然很清高，清高得不得了，因為改朝換代了，自己是商朝的遺民，然後就不食周粟，結果餓死在首陽山。他的氣節當然很了不起，他很清高，所以說「聖之清者」就是他。伊尹呢？是商朝定基的一代名臣，也是非常了不起，能夠擔當天下的大任，所以是「聖之任者也」。柳下惠是「聖之和者」，柳下惠嘛，大家都曉得他有坐懷不亂的功夫，同時柳下惠在一生當中，有點像我們的鄧小平一樣幾起幾落，但是人家的心態一直沒有改變，一直心平氣和，所以是「聖之和者也」。當然，這一路說到孔夫子，評價實際上是最高的，他老人家是「聖之時者也」。孔夫子是真正能夠把握時節因緣、把握天下大事的哦！你不要看孔夫子一輩子好像到處受排擠，到處吃不開，但是孔夫子把中華文化的這個時節因緣是牢牢把握住

了。他看到中華文化的道統和法統，從上古堯舜禹湯到文武周公這一系列傳承，再到自己所在的春秋時期，已經到非常危險的邊緣了。孔夫子把過去的文化傳統做了一個大的總結，他曉得這個東西將來是要通過自己之手流傳下去的，他就知道並順應於當時中華文化這個最大的時節因緣。

所以，孔夫子的精神能夠萬古流芳，被後人在不同的時代永遠追思、永遠發揚，的確是他老人家高瞻遠矚的結果。而其他的幾位聖者，像伯夷、伊尹、柳下惠這些，雖然也很了不起，但也就是流傳下幾個感人的故事而已，沒有什麼思想文化的東西傳承下來。所以「聖之時者也」，這個「趣時」是非常非常重要的。易道變通的功夫，就是要在時節因緣上顯現，就看你知不知時、趣不趣時。

歷史只為贏家書寫

下一句「吉凶者，貞勝者也」，貞者正也，你把「貞勝者也」念成是「正勝者也」，也可以。正嘛，一個東西很方正，方正就有確切之義，還有永固之義。方正的東西總是放得很穩的，不會東倒西歪，所以它還有一種穩定性的意思在裡面。「吉凶之正」是什麼？吉是一方，凶是一方，其中的正方是哪一方呢？當然就是吉。我們把「吉凶者，貞勝者也」直譯一下，那就是得吉凶之正者，在於勝者。此話怎講？任何一件事情，有吉就必然有凶，它的對立面就是凶；任何雙方對抗，有勝就必有負，過去講「勝者為王敗者寇」，這也是人類歷史的一個通則。從對抗雙方的結果來看，當然勝者就得吉，負者就得凶，這是肯定了的。所謂的正史，其實也就是為勝利者而寫的歷史。

我們看一部《二十四史》，中國所謂的正史，都是勝利者所寫，也都是為勝利者所寫。失敗者你是沒有資格發表你的觀點，你可以私下發表，但是很難載入史冊。這就是「吉凶者，貞勝者也」的感覺，吉凶之正，永遠是站在勝利者這一方。

實際上，從中國的傳統哲學來看，天地之間沒有絕對的好，也沒有絕對的不好，沒有絕對的正，也沒有絕對的偏。所以《莊子》裡面有一

個「蝸牛角上競雄雌」的故事，兩個國家打仗，伏屍百萬，流血千里，其實就像是在蝸牛的兩隻觸角上那麼大的地方爭來爭去。哪兒有什麼對錯？哪兒有什麼勝負？你把關注的焦點放到更大的時空上來看，其實人類那一點點事情，在宇宙中算什麼呢？地球在宇宙中也就是一個點而已，一粒塵埃而已。在這粒微乎其微的塵埃上，還有所謂的金融危機，還有多國首腦峰會，還有塔利班恐怖主義到處搗蛋，還有中東、朝鮮半島的這些剪不斷、理還亂的糾葛……這不是「蝸牛角上競雄雌」又是什麼？有人說莊子的思想是消極的，是一種歷史虛無主義，其實他錯了，莊子才是真正的積極！試想一下，如果更多的人有莊子這種眼光、智慧，那人類之間的戰爭還打得起來嗎？人世間各種莫名其妙的糾紛還可能存在嗎？肯定不會有的！大家都學著莊子一樣，在宇宙天地之間逍遙遊，多好！即使像一粒塵埃一樣無足輕重，也沒有關係嘛，因為那是一粒快樂、幸福的塵埃！

佛教中說：「正人修邪法，邪法亦正；邪人修正法，正法亦邪。」所以，世上的一切本無所謂正邪，一切正邪皆在於人心的向背。我們社會上約定俗成，它是善的，那麼它就是善的，就是正的；我們社會上約定俗成，說它不是善的，那它就是不善的，就是邪的。所以正邪也好，吉凶也好，都是要有一個基本前提。在具體的時間段上，在具體的空間範圍上，「吉凶者，貞勝者也」這是必然。好事情都站在勝利者的一方，既得利益都站在成功者的一邊，這也是現實。

靜觀天地運化之正

「天地之道，貞觀者也」，以前七葉兄給我們講《黃帝陰符經》，開篇第一句大家還記得不？「觀天之道，執天之行，盡矣！」你能夠靜觀天道，你能夠認識和把握天道的運行、天道的變化規律，那就「盡矣」。還有啥話說呢？已經就說完了，無語了，沒啥說頭了！因為這樣的人，他就能夠得到天地運化之正。

我們看人類幾千年的歷史，那麼多風流人物、風雲人物，真正夠得上得天地之正的，真正能夠「貞觀」的人，真正有「觀天之道，執天之

行」的本事的人，數得出幾個來？我們把儒、釋、道三教拉通了看，也就那麼幾個開宗立派的大師，除此之外，其他人都還在過程當中，段位都還有待提高，談不上真正的「觀天之道，執天之行」。

唐太宗年號叫貞觀，也是從這兒來的。貞觀之治，你說唐太宗得了天地之正沒有？說完全沒有也不對，可以說是得到了一點點。畢竟在社會上、政治上，中國那時產生了這麼一個政治清明、社會安定的時代，使社會文明的程度有了很大發展，形成了著名的貞觀之治。但是，他所得到的一點點天地之正，還只是從社會政治的角度上說的。那麼從個人精神修養的程度上來說，唐太宗可能就談不上了。如果他在精神修養中真正得了天地之正，他也就不會想長生不老，結果吃術士的丹藥而死。毛澤東在《沁園春•雪》裡寫道：「惜秦皇漢武，略輸文采；唐宗宋祖，稍遜風騷；一代天驕成吉思汗，只識彎弓射大雕。」你說歷史上這些帝王將相，其功業有多麼了不得！但是後人看來，都還是覺得有所缺陷。

我們再看中華歷史上，奠定我們文化基礎的這些人物，堯舜禹湯、文武周公、孔孟老莊這些人物，跟歷史上這些風風雲雲的帝王將相相比，那麼後人對他們的評價、對他們的推崇，那就不可同日而語。所以在中國人的心目中，文章千古事，富貴一時興，真正在文化上面有非凡的建樹，這才是最了不起的。

「天地之道，貞觀者也」，我們中華民族的這些古聖先賢，他們的事業就是順乎於天地之道，就是得了天地運化之正。他們的事業是把握天地之道，並使之彰顯在人間，把天地之道顯化到我們人類社會中來，所以非常了不起。在中國文化裡面最為推崇的，正是這種「貞觀者」的事業。

從日月之明到精神之光

「日月之道，貞明者也」，這兩句也很精到。從方山易的角度來看，從易象的角度來說，日、月不可並舉，月亮的光明來自於太陽，它是對太陽光線的一種反射。所以在方山易裡面，這兩句跟「日月之道」是不一樣，是「日晶之道，貞明者也」。日晶，就是太陽的精華，陽光之道、

晶光之道，就是貞明。這是方山易的說法。

實際上，古人不知道月亮的光明是來自於太陽。從世界古代文明的角度來看，日月作為懸在人類頭頂上最明顯、最明亮的兩個星球，對人的影響是非常之大。從物質上來講，「大海航行靠舵手，萬物生長靠太陽」，人類的生存、萬物的生長，都要依靠陽光。從精神的角度上來說，歷代的藝術家，你看梵古的畫，那個向日葵畫得像一個燃燒的太陽；看高更的畫，你可以感覺陽光就要從畫布上溢出來。這些藝術作品對人的影響多大啊！在中國古典詩歌裡面，李白的「日照香爐生紫煙」、「舉頭望明月，低頭思故鄉」這些，蘇東坡的《水調歌頭》：「明月幾時有，把酒問青天」、「但願人長久，千里共嬋娟」，等等，我們中國人從三歲娃娃都在學著背。可見，日、月的光明確實對人類，尤其是在人類的精神領域當中，影響是非常巨大。日月之所以對人類有這麼巨大的影響，就是在於其光明。所以這裡說「日月之道，貞明者也」，得日月之正者，就在於其光明。

如果日月不得其正，會是什麼情況呢？按照古代的天象占候之學，如果看見天上出現了日蝕、月蝕，或者是出現了日暈、月暈這些現象，總之，只要是日月的光明被一些自然現象遮蔽了，或者日月的光明因各種因素變得晦暗了，那麼，這就是非常不吉利的事情。因為日月無明，就不得其正；日月不得其正，按照天人感應的學說來看，相應的人間就會出現災禍，社會就不太平，乃至於王室宮廷裡面就會出現奸佞小人，甚至是出現妖孽禍亂。這是古代的天象占候之學的觀點，雖然也不排除有迷信的成份在其中，但也表明了「日月之道，貞明者也」的這種認識。

進一步來看，就人的精神現象而言，如果我們精神是光明正大的，是堂堂皇皇的，是不離覺照的，那麼，周圍的任何事情能夠看得清楚明瞭，按過去的說法，那就是明察於秋毫之末。這就是我們精神的這種「明」的功夫。當一個人的精神隨時保持在這種「明」的狀態中，那麼，就可以說這個人是得了日月之正，他的精神合乎於日月之道。反之，一個人在精神上面是渾渾噩噩，或者是陰晦、陰險、暮氣沉沉等，那麼，他的精神就正好與日月之道相反，就不得其正。

過去對皇帝的稱讚，說是不世之明君，有這麼一個「明」在裡面，就是說這個皇帝他是得了日月之正，所以他心地很光明，能普照天下百姓。如果是一個壞皇帝，當然就說他是昏君，昏則不明，不得日月之正，

結果就非常不好，老百姓就跟著遭殃。

侯王得一以為天下正

下面一句：「天下之動，貞夫一者也」。這一句斷語下得可謂是斬釘截鐵！不管是想做什麼，只要你動，最好的精神狀態就是「貞夫一」。前面說的「貞勝」、「貞觀」，還有「日月之道，貞明者也」，最終落實下來，就是要「貞夫一」。我們說過「吉凶悔吝生乎動」，我們生而為人，也不得不動。但是，怎樣動才動得好、動得光明正大呢？就是要「貞夫一」。

「貞夫一」是什麼意思？貞者正也，就是得一為正。《道德經》中有句話：「天得一以清，地得一以寧，神得一以靈，穀得一以盈，萬物得一以生，侯王得一以為天下正。」你看，從天地神靈萬物、從糧食五穀，甚至到王侯將相做事，都是要「得一」，才能起到好的作用，才能把事情辦好。

前面講過「乾道變化，各正性命」，你要想得到自己的正命，想完成上天賦予你的光榮使命，想要使自己的性命正而不邪，那就必須要得這個一。那麼，怎麼得一？什麼叫得一？這個有很多種說法，在這裡我們只是從心性修養的角度，比較簡單通俗地給大家說一說。所謂得一，就是集中精力排出雜念，達到精神的純一無雜。通俗地說，那就是要得定，就是要有很深的定力。那麼，定力又是什麼呢？先把玄的放一邊，真正得定，就是你認準了一件事情，認準了一個目標，那就排出一切雜念，排除一切是非妄想，不達目的永不甘休。你能夠做到這一點，你就在這個事情上得一、得定了。

我們有些人喜歡打坐習定，坐在蒲上面天天妄想能夠一念不生，得無上三昧。有些功夫好一點的，的確一次可以坐上一、兩個小時，甚至有人能坐得更久。但是注意啊，這個未必就是正定哦！當然，波師兄的功夫不到，也不知道那些一坐幾個小時乃至幾天的人，是不是都得了正定。但是，的確有人做功夫做到一邊去了，成天坐在那裡跟個木頭石頭似的，落入死定頑空裡去了，而非三昧正定。那麼正定是什麼呢？正定，說白了就是在社會生活中、在人生事業中、在無論什麼樣的順逆境中，

我們把種種煩惱、種種痛苦、喜怒哀樂的情緒凝成一團、打成一片！在這些紅塵煩惱當中，為了一個真正的人生目標而一往無前，不起絲毫雜念，任何東西都擋不住，不在話下，這才叫正定。

北宋真宗皇帝的女婿、駙馬爺李遵勗，他跟臨濟宗號稱「西河獅子」的慈明和尚是一僧一俗的一對禪友。慈明和尚一輩子愛罵人，諸方的長老大德無不被他罵了個遍，但他對李駙馬卻一直是惺惺相惜，如同知己。李駙馬曾寫過一首很厲害的禪詩，詩云：

學道須是鐵漢，著手心頭便判。

直取無上菩提，一切是非莫管。

我每次想到這首詩就來精神，雖然自己做不到，但是也很提勁啊！自己努力學修的勁頭就提起來。這就是真正心得定的感覺。真正有了這種體會，你做事情才會目標恒定，精力充沛，不受任何干擾。這就是「天下之動，貞夫一者」的感覺，「但得一，萬事畢」，有了這個功夫，何愁道業不成呢！

良知良能轉乾坤

下面一段涉及乾坤二卦。「夫乾，確然示人易也；夫坤，隤然示人簡矣。」這兩句可以參照《繫辭上傳》第一章，「乾以易知，坤以簡能」、「易則易知，簡則簡從」等等，這些句子意思都差不多，可以對照著學習。簡單地說，乾卦就是很精確、很切實地把易道的精神指示給人們。易道的核心是什麼呢？核心就是乾卦。乾卦在我們精神中的體會，就是我們精神當中人人具備、個個現成的本體，按本光法師所說，就是「一己之陽明正知」。坤卦的精神是順承於天，是厚德載物，是順其自然。「隤然示人簡矣」中的「隤」，通頹廢的「頹」字。頹有順從之意，是隨順時節因緣的，不是強來的。坤卦表現出來的卦德，就是以其簡捷明快而順承於天、順承於乾卦的精神。

把乾坤二卦納入到我們的精神當中，就可以這樣理解，乾的精神就是良知，坤的精神就是由良知引發出來的良能。坤卦的核心精神體現在

六二爻中，就是「直方大，不習無不利」，我們精神的簡捷明快的功能，就是直截了當，就是方正不欺，就是有容乃大。

我們任何一念生起，其實是非對錯馬上就會有一個判斷，不管是好事情還是壞事情。有些十惡不赦的人做了壞事，其實他們心頭很清楚。比如說搶劫犯，當他生起一個搶劫的念頭時，肯定馬上就能判斷搶劫是不對的，這就是人人本具的良知的作用。但是，他之所以還是犯了罪，是因為這一念良知沒有保持住，很快就被第二個念頭、第三個念頭，乃至被更多的念頭掩蓋住了：搶也是靠自己的力氣吃飯，憑什麼不對？！貪官污吏的骯髒錢我為什麼不能搶？！奸商的錢財我為什麼不搶來用？我不搶也有人搶啊！我不搶就沒飯吃……這就給自己犯罪找到了「充分」的理由，就把自己最初、也是最為珍貴的一念良知給淹沒了。

所以，易道就是從乾坤二卦的精神中體現出來，乾坤的精神就是兩個字：一個是易，一個是簡。易是什麼？就是不難嘛，人人都有，個個都現成，很容易瞭解，只要我們自己願意認識自己，願意把自己的內心打開。

這世上還有什麼比自己更親近的呢？還有什麼比瞭解自己更容易的呢？但是，很多人都覺得難，其實不是難，關鍵是很多人都不願意去瞭解自己，害怕看到一個真實的自己。做心理學工作的人就有體會，很多心理有障礙的人就是難以跨越某個心理上的坎。對一般人來說可能是很簡單容易的一個念頭，放下就了事，可心理有障礙的人就是轉不過來，就是放不下。實際上，他是自我抗拒，潛意識裡根本就不願意瞭解自己，說自己放不下，實際上是內心深處根本就不願意放下、捨不得放下。

所以，只要你願意，《易經》就易，就是容易；只要你願意行動，那就很簡單，就是「直方大」。這不需要很複雜的程式，就是「著手心頭便判」而已。當然，這要有個前提，那就是「學道須是鐵漢」，你要有「鐵漢」的精神心態，要貞夫一、要得定才行。

下一句：「爻也者，效此者也；象也者，像此者也。」這裡的「此」是個代詞，指前面一句「夫乾，確然示人易也；夫坤，隤然示人簡矣。」這裡易卦的「爻」所效法的就是易和簡，易卦的「象」所像的也是易和簡，說白了就是乾卦體現的良知與坤卦體現的良能。

為什麼聖人要設立卦象？就是用卦象來效法、比擬天地乾坤的精神。前面講到乾卦用九和坤卦用六，並不專屬於乾坤二卦。用九是針對六十

四卦中所有的陽爻,用六是針對六十四卦中所有的陰爻。陽爻用九都要從良知上考慮,陰爻用六都要從良能上考慮。用九就是「見群龍無首,吉。」群龍無首是什麼意思?不多解釋,大家只需記住,無首就是無我,就是把精神中的各種私欲雜念排除掉,達到無我的狀態。陽爻易亢啊!陽爻得正就是健,但如果過了就是陽亢。所以要用無我的精神去面對所有的陽爻。「用六,利永貞」,面對陰爻就是要「永貞」,要永遠處在正位上,因為一旦我們精神中陰氣過重,就會有晦暗的感覺,甚至精神就會走向偏狹、陰險,所以就需要把心擺正,永遠要正其位!

用九、用六針對的是乾坤二卦的精神,面對具體的陽爻、陰爻,就是一剛一柔。六爻所形成的卦像是通過形象、物象來表達易道精神的。《易經》六十四卦看似複雜,其實就是體現人的良知、良能在社會生活中的運用。我們面對不同的時節因緣、人事關係,面對錯綜複雜的社會事件時,良知、良能的作用就顯現出不同的狀態來,用一陰一陽的符號表示出來,就形成了六十四個不同的卦象。

變動之中的聖人情懷

大家往下面看:「爻象動乎內,吉凶見乎外,功業見乎變,聖人之情見乎辭。」

「爻象動乎內」,直譯就是易卦爻象一動、一發生變化,外化出來,就顯現吉凶禍福的結果。我們把「爻象動乎內」納入到精神中來體會,其實,世上一切人為的結果,都是從心念一動產生出來的嘛。那些成功人士、大富大貴的人能夠有今天的成就,就是當初創業時內心一念之動,然後實施於外,才有了後來的結果;那些大奸大惡不得善終的人,結局很凶很慘,其最初的來源,也不過是內心的一念之動啊。所以,「爻象動乎內」很重要、很關鍵,我們不要輕易放過。發現念頭一動,內心的陽明正知、我們的良知馬上就要跟上,良能馬上就要起作用,馬上就要有覺照。覺就是覺悟,就是立即認識它;照就是關照,馬上就要決定怎麼對待這個念頭。好的念頭就讓它實現,讓自己付諸行動以成就一番聖賢事業;如果是不好的念頭,馬上認識並把它收拾住,不給第二個壞念頭

冒出來的機會，按禪宗的說法，就是「貶向無生國裡」，貶到永遠都無法再生的地方去，讓它永遠不能兌現，永不超生。

「爻象動乎內」，跟著就是「吉凶見乎外」。吉如果現乎外，那感覺就很好，但如果凶現乎外，那就是大麻煩了。所以，我們內心要把善惡是非辨別清楚，要看該不該動，可不可以動。

「功業見乎變」，這裡是指有能力建功立業的人，他們從心動到行動，在時勢的變化當中就有了行動的結果，這就是功業。沒有時勢的變化，不在時間流逝的因緣中考察，就看不出有什麼功業。所謂「數風流人物，還看今朝」，就是時勢發生變化，成功人士才取得了新的成就。

「聖人之情見乎辭」，辭是指《易經》卦、象、爻的各種文辭。聖人也有情哦，也會真情流露哦！他對眾生的慈悲之情就是通過這些文辭顯現出來。我們看《易經》從伏羲創卦到文王繫辭，這一系列古代聖人對眾生、對後世的情意，都體現于這些文辭當中了。不僅《易經》如此，其它的儒釋道各家的經典，也都是聖人之情的體現。我們後人學習儒釋道的經典，都要體會這個情、要領這個情啊！我們每天做個功課，念一遍《金剛經》、《心經》之類，你是否能體會到聖人之情呢？

剛才聽一位同學講讀《心經》的感覺，說以前沒有讀出感覺來，現在讀進去了，每次都有流淚的感覺。這就相應了！你要是體會到了聖人之情，體會到他們對眾生、對後世的感情，這樣與自己的心相應，學修起來就事半功倍了。

天地之德，大寶之位

我們往下學，「天地之大德曰生，聖人之大寶曰位。」我們一般都聽過「上天有好生之德，螻蟻有偷生之心」這樣的說法，在古裝戲的臺詞中都很常見，這種感恩天地的思想，已經滲入普通中國老百姓的骨髓當中去了。

一方面，天地之大德就是賦予萬物以生命，所以非常值得人們去感恩戴德。從另一方面看，老子說「天地不仁，以萬物為芻狗」，這又怎麼講？《易經》中說天地有大德，老子又說天地不仁不義，怎麼回事呢？

實際上並不矛盾，只是看待角度不一樣而已。《易經》體現的是生的一面，老子的話體現的是另一面。「天地之大德曰生」，但有生就有滅啊，就像有來就有往、有去就有回一樣。老天給予一個生命，我們活在天地間感覺很舒服，但百年之後呢？老天又要把你收回去。西方人說「人來自於泥土，最終歸於泥土」。我們學習傳統文化要把生死學通。生死就是上天賦予給萬物的自然過程。如果能把生死交給老天爺，你就可以活得瀟灑自在。關鍵一點是，你有沒有決心、有沒有勇氣敢於把自己交出去？能完全交出去就做到了無我，能做到無我，生死就奈何不了你。如果你交不出去，有個我哽在心頭放不下，那天地之大德就感覺不到，能感到的只是天地不仁，就會很恐懼生死。

所以，真想學道了生死，就要「真為生死，發菩提心」。《繫辭》這裡講「天地之大德曰生」，我們還要看到另一面，就是「天地之大不德曰死」。其實，方生方死，方死方生，大德不德，不德而德，看懂了就是一回事。

「聖人之大寶曰位。」過去皇帝登基就稱榮登大寶。從易卦爻象上說，一般最重要的爻位就是第五爻，所以九五、六五爻都是很好的位置。後來要講到「三多凶、五多功，二多譽、四多懼」，第三爻上不沾天下不著地，位置比較尷尬、比較危險；而全卦的功德往往都歸於第五爻，這就是大寶之位。聖人得大寶之位的話，就可以治國平天下，建聖人功業。

但是，歷史上既得了大寶之位，又能稱之為聖人的可謂極少。除堯舜禹湯文武之外，能稱為明君也就很不錯了。更多得大寶之位的是小人，甚至變態的人，比如歷史上的夏桀商紂周幽之類。能得大寶之位，那聖人做起事業來就很舒服、很順利，得不到要做事就很麻煩。

聖人得到大寶之位，這個太不容易了！孔夫子一生奔走，就是為找到一個好的位置，好把自己的社會政治文化理想很好地實現。他終身尋找這個位，但命運不濟，沒有找到。好在後世君王給他封了一個「名譽大寶」的位置，封他為素王，就是沒有正式得到名位的王者。雖然他老人家生前不得位，但死後得的這個「名譽大寶」，還是讓孔夫子享受了後世兩千多年的香火，比歷史上那些真正的皇帝王者，不知要風光多少倍了。

我們看，孔聖人都得不到貨真價實的大寶之位，那我們普通人怎麼辦呢？實際上還是要在這個「位」字上下功夫。《易經》對我們最重要的

指導，就是通過學習能夠知位、守位、不越位，最後能夠不失位。做到這一點已經很不容易了。我們周圍的人，有的一輩子忙忙碌碌都沒有找準自己的位置；有的奮鬥一輩子終於得到了自己想要的位置，但一不小心又掉下來了；甚至有的人不僅失了位，還成為階下囚，還掉了腦袋。所以，《易經》中關於「位」的學問，非常值得我們用一生的經驗去體會。不知位，或知位守不住位，吃著碗裡還想著鍋裡，動不動就越位，那就把自己擺在很危險的位上了。

那麼，怎麼樣才能知位、守位、不失位，也不犯越位的錯誤呢？答案就是下一句：「何以守位，曰仁。」知位、守位、不失位、不越位的根本方法，就是行仁道。仁者愛人，只要你以博愛、以慈悲之心面對人世中的風雲變幻，一般都不會失掉現實中的位置；即使有所失，起碼也不會失掉你的君子之位，你內心的正位是一定守得住的。

作為普通人，能力有限，地位也不高，要知位守位似乎不太難。但是，真正時來運轉，命運把你擺到很高、很敏感的位置，那時候你權重位尊，要守位就很不容易了。過去在朝廷重臣的周圍，都有一大幫人前呼後擁想獲得一些好處；政治對手時刻等著你犯錯誤，好揪住你的尾巴一腳踩到底；頭上還有皇帝，一不小心還要打板子、摘烏紗，甚至掉腦袋。總之，位置越高，錯綜複雜的情況就越多，能做到守位就越不容易。仁，之所以成為儒家思想的中心，成為「仁義禮智信」這五常的第一位，最重要、最根本的就在於此。如果能以仁愛之心面對一切，不僅愛你的朋友，也能愛你的敵人，就是非聖人莫能為也。

這句話給出了我們面對社會人生的根本方針，那就是仁。至於具體的方法，那就要自己去學習領悟。比如古代的謀略之術很多，但是如果離開了仁這個根本，就是「機關算盡太聰明，反誤了卿卿性命」，最終還是行不通。《易經》說起來是講變化、講客觀規律，但從「位」這個根本角度來談，最終還是一個仁字了得！

聚財與聚心

下一句「何以聚人曰財。」這個我們都有很深的體會。在現代商品

社會，大家對財的敏感比仁要大得多。我們書院也是如此，我也常常打妄想，如果我們有了足夠的資金就可以做很多的事，就可以聚集很多的人才，諸如國學書籍的出版、傳統文化的整理、傳播和發揚就可能做得更順利、更有效。俗話說：「財散則人聚，財聚則人散」。一個守財奴肯定是沒有真朋友的，而一個人能經常散財，大家都喜歡，就可以聚集人氣。當然，我們書院沒有錢財來散給大家，但有法財啊！有傳統文化的無盡財富散給大家，這也可以把大家的心聚集起來。

這一章最後一句「理財正辭，禁民為非曰義」。這完全是站在領導者的立場來說話。領導者的義，就是指這三點：理財、正辭、禁民為非。當前我們國家的領導者要抓的最要緊的事情是什麼？第一點就是抓經濟建設，就是理財，這是最重要的。中國堅持以經濟建設為中心幾十年，這次兩會之後，溫家寶總理答記者問時提到的大部分問題，還是關於經濟、關於金融危機的事。這是任何人當政都必須重視的頭等大事。但是，只有經濟建設還不夠，還要正辭，也就是思想文化建設。有了物質文明作為基礎，還需要精神文明建設。以前提出所謂「兩手抓，兩手都要硬」，這是必須的，不然社會問題就會加劇，比如因貧富不均產生的諸多問題，包括社會不公、為富不仁、仇富心理等等，超過一定限度社會就發生大的動盪。在有了物質基礎和精神方向之後，社會上還有一小撮頑劣之徒不安分守紀、惹是生非，對他們就需要繩之以法，用法律加以約束，禁止其為非作歹。

總之，一個國家的領導者把經濟建設、思想文化建設、法制建設這三件大事抓好了，社會肯定太平，諸如「奔小康」乃至達到「發達國家水準」等等，都可以在預期中實現。這些也是作為領導者對廣大民眾應盡的義務。

第二章

易象與中華古文明的進程

第二章　　易象與中華古文明的進程

　　古者包犧氏之王天下也，仰則觀象於天，俯則觀法於地，觀鳥獸之文與地之宜，近取諸身，遠取諸物，於是始作八卦，以通神明之德，以類萬物之情。作結繩而為網罟，以佃以漁，蓋取諸離。

　　包犧氏沒，神農氏作，斲木為耜，揉木為耒，耒耨之利，以教天下，蓋取諸益。日中為市，致天下之民，聚天下之貨，交易而退，各得其所，蓋取諸噬嗑。

　　神農氏沒，黃帝、堯、舜氏作，通其變，使民不倦，神而化之，使民宜之。易窮則變，變則通，通則久。是以自天佑之，吉無不利。黃帝、堯、舜，垂衣裳而天下治，蓋取諸乾坤。刳木為舟，剡木為楫，舟楫之利，以濟不通，致遠以利天下，蓋取諸渙。服牛乘馬，引重致遠，以利天下，蓋取諸隨。重門擊柝，以待暴客，蓋取諸豫。斷木為杵，掘地為臼，臼杵之利，萬民以濟，蓋取諸小過。弦木為弧，剡木為矢，弧矢之利，以威天下，蓋取諸睽。

　　上古穴居而野處，後世聖人易之以宮室，上棟下宇，以待風雨，蓋取諸大壯。古之葬者，厚衣之以薪，葬之中野，不封不樹，喪期無數，後世聖人易之以棺槨，蓋取諸大過。上古結繩而治，後世聖人易之以書契，百官以治，萬民以察，蓋取諸夬。

　　　　　　　　　　　　　　　　——《繫辭下傳》第二章

伏羲氏，中華文明之祖

　　這一章主要是講中國傳統文化中的上古歷史觀，是通過易道中的卦象來闡述中國上古的歷史，所以這一章哲學味道還是比較重，也可是說是中國最早的歷史哲學。這一章比較長，其中主要是舉出了十三個卦，來闡明中國上古文明開端時期的種種現象，以及這種種現象的來源，可以說是代表了中華上古文明的進程。

　　這一章是《繫辭》的作者有意用易經卦象，來對應早期文明的種種現象，有些對應得比較恰當，而有些對應就比較牽強。本光法師對這一章也有較多的異議。

　　「古者包犧氏之王天下也」，包犧氏就是伏羲氏，也可讀作「庖丁解牛」的庖。在伏羲氏稱王天下的時代，對中國而言就是歷史文明的開端。當然，在中國上古的神話傳說中，是盤古王開天地。傳說天地之初是合在一起的，就像一個大雞蛋，盤古王就像雞蛋裡發育的小雞子兒。有一天，盤古王發育成熟了，一伸懶腰，把這個蛋殼給打破了。天地從此開闢，清者上升為天，濁者下降成為地。盤古王死後，頭髮變成森林，皮膚變成泥土，血管變成江河……總之，山河大地就是盤古王的身軀變出來的。

　　當然這是中國古代的創世神話。按現代天文學中的說法，宇宙最初是從一個能量無窮的質點經過爆炸，然後才得以誕生。看起來，現在天文學的宇宙大爆炸學說與我們盤古王開天闢地的神話，還有某種巧合——都是從一個點爆炸開來的嘛。其實，我們人生短短百年，天地是怎麼來的？宇宙最初是怎麼一回事？對於普通人而言，只要有個說法可以安心就是了，宇宙生滅這些「大事」，跟我們關係有多大啊？所以關鍵還是注重當下，注重我們生而為人，該如何處理好自己這百年的光陰。

　　在中國文化中，是以伏羲氏為人文之祖，可以說中華文化的曙光就是由伏羲氏開啟的。以前講中國文化是從「三皇五帝」開始的，三皇之首就是伏羲氏。從字源上來說，「德冒天下謂之皇，德配天地謂之帝」，就是說天下最具有德行的人冒出頭來，這樣的人就稱為「皇」；他的德行與天地之德相匹配，這樣的人就稱為「帝」。正是有了德配天地的說法，後來才有「三才」的概念。三才即是天、地、人，人的德行與天地之德

是平等的，是三足鼎立的，所以生而為人是很了不起的事，因為人有頂天立地的精神。伏羲氏作為三皇之首的傳說，其中有一些神話色彩。

傳說伏羲氏的母親華胥氏，在雷澤之畔履巨人之跡，心有所動，還有霓虹圍繞其身，於是感而受孕，生伏羲于成紀之地。成紀在今天甘肅天水一帶，後來，伏羲氏的宗族就在西北發展起來。從五行上說，伏羲氏的時代是木運主世。因為木代表東方、春天，一年之計在於春，因此中華文明是從伏羲氏開始。巽木生風，巽卦為木、為風，所以伏羲氏就以風為姓。後世認為他對人類文明的功績很大，其「德合日月之明」，所以又稱其為「太昊」，昊從字形上看，就是如日在天嘛。

伏羲氏所處的時代是原始社會，人們穴居岩處，茹毛飲血，人與動物之間的差別不大，都是很純然的自然性在起作用。人們在天地之間生活，物競天擇，生老病死都是自然而然的過程，跟我們看《動物世界》裡面的物種生存差不多。因為伏羲氏的出現，人類的文明也開始發端。《易經》上解釋文明是怎麼發端的呢？伏羲氏是怎麼通過自己的智慧德業使人民走出原始愚昧狀態？是如何開發民智、建立基本的社會制度的呢？就是通過「仰則觀象於天，俯則觀法於地，觀鳥獸之文與地之宜，近取諸身，遠取諸物，於是始作八卦，以通神明之德，以類萬物之情」。

這就是《易經》八卦的創立過程。到底這一套學問是不是伏羲氏一個人創立的呢？有人說《易經》八卦這一套東西，是傳承自上一個冰河時期，是從上一輪人類文明遺留下來的高級學問。它高度的抽象性和強大的演繹能力，是我們現在這一輪人類文明都還沒有達到的。這只是一些人的猜測，總之誰也說不清楚。

尋找人類童年的影子

人類早期的精神狀態，估計和我們童年時代的感覺很相像，對大自然都充滿了好奇心。

我記得自己小時侯，每到夏天傍晚，屋裡太熱，大人們就把涼席鋪到院子裡來，小孩子們就躺在涼席上玩。我那時就經常在涼席上躺著認星星，北斗七星、牛郎星、織女星這些，就是那時候認識的。這也算是

「仰則觀象於天」吧。其實很多人童年都有這種經驗，只不過沒有伏羲老祖那樣的文化使命感，把自己的觀察自覺地形成知識系統。那時我們這些小孩子也愛「俯則觀法於地」啊！沒事就在地上耍泥巴，要麼就上樹抓鳥、下河摸魚。我記得當時最愛跑到老院子背後的菜地牆坎下去捉蟋蟀。蟋蟀的種類很多哦！哪種能咬能鬥、哪種中看不中用，我們一眼就能認得出來。那時候還愛逗螞蟻打架，吃飯的時候，故意背著大人留些飯粒、碎骨頭藏在衣兜裡，吃完之後就跑到外面去找螞蟻窩，把這些吃的放在黑螞蟻窩跟紅螞蟻窩中間，很快兩窩螞蟻就為了爭奪食物而開戰了。孩子們當然看得高興，還打賭到底是哪一窩螞蟻能打勝。

現在想來，我們人類之間的戰爭，也不過如此，還不是為了利益之爭而打得昏天黑地！說不定也有其他更高級的太空生物，一邊看著地球上人類的戰爭，一邊打賭逗樂呢！

「觀鳥獸之文與地之宜」，就是觀察鳥獸身上的花紋，鳥獸的習性與周圍的環境是息息相關的哦。我們看這些動物們的習性，都有因地制宜的本領啊！你看《動物世界》裡面，動物們的偽裝本領真的是非常之高，完全跟自己生活的環境打成一片了。比如沙漠中的響尾蛇，把全身藏在沙堆裡只露出尾巴晃動，又有水淌的聲音，尾巴又像一隻小蟲，那些蜥蜴、鼠類尋聲而來，以為蛇尾巴是小蟲子，想當成點心吃，結果稍不留神，反而就被響尾蛇一口吃掉。還有美洲叢林裡的變色龍，身上的顏色會隨著環境的變化而變化，既能躲開天敵，又能隱秘地捕食它的獵物。所以，只要我們仔細觀察就會發現，「鳥獸之文」的確是「與地之宜」的。大自然的造化真的是神奇無比，無論是什麼樣的鳥獸魚蟲，都能與自己周圍的環境相適應，都能在自己的生存環境中得其自在。

我們現代人對於人類文明的發端，已經是說不清道不明了，就跟我們成年人一樣，對自己童年的記憶，也完全是一片模糊了。現在城市裡的孩子們，哪還會有「仰則觀象於天，俯則觀法於地，觀鳥獸之文與地之宜」這樣的雅興哦？只要在電腦的螢幕前一坐，什麼都忘到九霄雲外去了。現在的人與大自然的隔閡越來越嚴重，也是現代社會的悲哀啊！

「近取諸身，遠取諸物」，諸身就是指我們身體的各個部位，諸物就是遠處的各種現象。在《易經》八卦中，我們身體的各個部位都有易卦與之一一對應。比如從外部來說，頭為乾、腹為坤、眼為離、耳為坎、口為兌、手為艮、腿為巽、腳為震。從內部的五臟六腑來說，也有八卦

與之一一對應，學中醫的對這一套必須非常熟悉才行。近取諸身，就是從我們身體各部分抽象出八卦的符號。從外部世界來看，乾為天、坤為地，日月星辰山川河流等，都可以用八卦來代表。之所以能把這些現象符號化，能用一陰一陽的符號畫出來，就是因為從天文地理到諸身諸物，都體現了一陰一陽的變化。這些都是以陰陽二儀為基礎，從而畫出八卦、創立《易經》。按我們中國人的說法，創立八卦是伏羲老祖最大的功德，是中華人文的開端。

「以通神明之德，以類萬物之情」。這說明了伏羲創立八卦的功能，就是用八卦這樣一個抽象的、認識世界的工具，能夠通透精神世界中的光明德性。我們對「神」的理解，都是當作精神來講，神明，就是精神的光明之性。另一方面，八卦這套系統所比擬、象徵的事物，從精神到物質的情狀，可以說是包容天地萬物的種種變化。這個「類」字，就是比擬、模擬、象徵的意思。

漁獵社會的早期文明

下面，《繫辭》就講了以卦取象的具體內容，以此來概括我們人類早期生活的方方面面，並且以此來解釋人類早期文明的種種現象。這裡第一個就舉出了離卦：

離卦。作結繩而為罔罟，以佃以漁，蓋取諸《離》。

對此，本光法師有一定的意見。因為離卦為火、為明，有光明、文明之意。離卦的卦德與撒網捕魚的關係不大。不過，既然首先舉出打獵捕魚這件事，也可以看出網罟的發明，在人類早期漁獵時代的確是一個意義重大的發明，算得上是生產工具的一次飛躍。當然，我們參考其他易學家對此的解釋，認為離卦同時也取象為目，而一般把網眼也稱為目。所謂綱舉目張，意思是把網的主繩一拉，網眼就張開了。所以也有單卦離為目，重卦離為網的說法。而且重離的卦象與網的形象很相似，所以

這裡說「蓋取諸離」，也勉強能夠說得過去。

這是從《易經》的角度講了伏羲氏時代的社會現狀。從古代史的角度看，伏羲氏的時代除了創八卦以外，還有其它的重要發明。比如「養六畜以充庖廚」，因為有了網，打獵捕魚除了滿足基本生活需求之外，還有所剩餘，活的就畜養起來，經過馴化之後就變為家畜。古時所謂的六畜，是指牛、馬、豬、狗、羊、雞。大家想一下，能夠把野生動物馴養成家畜是非常不簡單的事情！有了家畜，伏羲氏時代人們祭祀神靈，就可以用家畜為犧牲了，牛、馬、狗等家畜的使用，也極大地提高了人們的生產、生活水準。這是人類文明非常重大的進步。為什麼伏羲氏又稱為包犧氏呢？包字通「庖」，指的是廚房；犧字也通「犧」，指祭祀用的牲畜。從包犧氏這個名字就可以看出來，畜牧業的產生和原始宗教文化的產生，都是從伏羲氏的時代開始的。

伏羲氏的另外一個功勞，就是「造書契，以代結繩之政」。造書，就是創造了文字，古代漢字有六種結構方法，稱為六書，包括象形、假借、會意、指事、轉注、形聲。我們都知道倉頡造字的傳說，說是倉頡造字的時候，是「天雨粟，鬼夜哭」，總之文字的發明，是一件驚天動地的大事。傳說中的倉頡也是伏羲氏時代的人物，是伏羲氏的手下，相當於現在文化部長的角色。

伏羲氏的其它功勞還有「正姓氏，通媒妁」，以此形成了社會人倫的基礎。「斲桐為琴，繩絲為弦」，就是砍下梧桐樹做成琴，再裝上絲線作為琴弦，古代的音樂也就是從這個時候開始產生的。自從有了音樂，人類的精神生活也就更加豐富起來，因為音樂對人心靈的作用也是非常直接，對人類的精神生活有著極大的促進作用。在社會治理上，伏羲氏是「分理宇內，正化大治」，伏羲氏建立了一套管理制度，安排了一系列的人事主管，大家分頭治理國家，比如委任共工作為上相、柏皇作為下相，從中央到地方上都各有主管。這一套政治制度、官僚設置，據說是按照天上星宿的排列而建立，結果把天下治理得很好。

過去稱伏羲氏為人祖，不是指人種的祖先，而是人文之祖。人類文明的光輝就是從伏羲氏時代開始生發出來的。

農耕社會的典型場面

　　「伏羲氏沒，神農氏作」。伏羲氏的時代結束了，神農氏的時代開始了。在古史傳說中，神農氏傳說在位140年，他是代表了上古的農業社會。從伏羲氏到神農氏，實際上體現了從漁獵社會過渡到農業社會的過程。其實，從漁獵進化到農業，中間經歷的時間何止幾百年，往往是數萬年。

　　按古史中的記載，神農氏是上古姜姓部族的首領。「姜」通「羌」，一般認為是古羌族的祖先。這個部族是興起於烈山，後來又稱為列山，再演變為連山。《周易》之前的古易還有《連山易》和《歸藏易》。《連山易》就是最古老的易經，從這裡可以推測出，它應該就是從神農氏的時代得名。神農氏為什麼叫炎帝？從五行主運的角度說，伏羲氏時代是木運主世，到了神農氏的時代，木生火，變成火運主世。因為神農氏得了火德之正，所以稱為炎帝。

　　炎帝時代已經進入農業時代，所以《繫辭》這裡舉的第二個卦，就跟農業生產的關係很大：

　　益卦。斲木為耜，揉木為耒，耒耨之利，以教天下，蓋取諸《益》。

　　耜是一種古代農具，耒是耜的把柄，「耜者耒之首，耒者耜之柄」。耨為耕種之意，神農氏教大家製造農具，耕種土地，因此進入農業社會以後，人們的生活比漁獵時代有了很大的提高。這裡說從事農業生產的理論指導，就是從益卦中來的。為什麼說「蓋取諸益」？各家的解釋語焉不詳。風雷益，上巽下震，巽為風、為木，震為雷、為動。從易象結構上看，上卦就是木頭做成的農具，下卦就是對農具的使用，用木製農具在地上翻動，這就是益卦之意。當然，這是取象之說，因為上古農具都是木頭做成的，用木頭做的農具耕作，就取象於益。再看下面：

　　噬嗑卦。日中為市，致天下之民，聚天下之貨，交易而

退，各得其所，蓋取諸《噬嗑》。

火雷噬嗑卦，描述了最初的商品交易情況。因為進入農業社會以後，社會生產力發達了，有了剩餘產品，人們就可以用來交換、交易，逐漸形成了市場。

交易一詞，也是源于《易經》。交易，不僅指商品的交易，在《易經》中還有更深層次的含義。交易，本來是指乾坤二卦、陰陽二氣之間的交互作用，由此產生各種各樣的變化。商品交易也是如此，通過物資的交易，也產生各種各樣的人際關係和變化。這是交易一詞的來源。為什麼說商品交易是「蓋取諸噬嗑」？為什麼從噬嗑卦中能找到商品交易的理論基礎呢？因為火雷噬嗑卦，上卦離為火、為日；下卦震為雷、為動。太陽在頭頂上照著，人們在光天化日之下，熙熙攘攘、人頭攢動，這種感覺就是市場交易的情形。

這是從卦象上的會意，但噬嗑卦的卦德並非如此。噬嗑，就是嘴巴張開，牙齒乾淨俐落地咬下。噬嗑卦的卦辭是「亨。利用獄」，指的是刑律刑法。斷案定官司才是噬嗑卦的本意。所以，用噬嗑卦的取象來套用市場也有些牽強。

上面講了神農氏製造農具、促進市場交易的功績。其實，神農氏的功績遠不止這些。神農氏另一個最偉大、也是最重要的功績，就是傳說中的神農嘗百草。神農氏實際上是中國醫道之祖哦。傳說神農氏嘗百草，遍嘗天下草木的滋味，把它的寒、熱、溫、平等各種性質區分出來，辨別其中的主次、陰陽，把藥草對於人體的作用，以及用藥的君臣佐使之旨開創出來。據說神農氏嘗百草，一日而遇七十毒，可以說是冒著生命危險來完成了這項偉大的使命。在這樣的情況下，神農氏創立了中華醫道，使老百姓在生病時能得到醫治。

另外，神農氏的德行也非常高。當時有一個諸侯叫夙沙氏，因為不服從神農氏的領導，還把進忠言的大臣殺了。於是，有人就請求神農氏發兵討伐他，但神農氏不同意，說這事不需要他做，他需要做的是認真推廣德業教化，讓百姓安居樂業。就這樣過了一段時間，夙沙氏的百姓們見神農炎帝的德行很高，而夙沙氏又是如此殘暴無道，於是人們怒不可遏，推翻了夙沙氏的領導，主動回歸到神農氏的統治之下。這是最早的「不戰而屈人之兵」的例子。由此可見，神農氏的教化極廣，威望也

很高，傳說在位 140 年，南巡至湖南茶陵地區時，不幸逝世。

江與河，中華文明的兩條主線

「神農氏沒，黃帝、堯、舜氏作，通其變，使民不倦，神而化之，使民宜之。」從這裡看，好像是從神農氏到堯舜，是一個接著一個當王的。其實，並不是神農氏死後黃帝就繼位。實際上伏羲氏、神農氏，都是代表一個族群，代表一個時代，其間是經歷很多代的。

神農氏之後，隨著黃帝部落的興起，炎帝部落卻開始走下坡路，社會也走向衰敗。經過一代代的傳承，炎帝部落繼承者們的德行也越來越差。後來，各地的諸侯們也起了紛爭，互相侵犯，當時最大的一個大諸侯就是蚩尤，誰也惹不起他。而在中原地區，有熊國興起，就是黃帝的部落。隨著有熊國的實力慢慢增強，黃帝一方面修其德政，另一方面增強兵力，可謂是文武兼備，成為當時最大的諸侯，並聯合炎帝，滅掉蚩尤部落。炎帝部落的統治地位，也由黃帝取而代之，從此，黃帝成為華夏諸部落的首領。

黃帝時代，中華文化就更發達了。傳說黃帝發明了指南車，自己坐上指南車，用以征討不聽話的諸侯。蚩尤當時雖然很厲害，但是面對黃帝的這些「高科技」裝備，在指南車這種「精確制導武器」的打擊之下，他也招架不住，最終還是被黃帝滅殺於涿鹿。

從伏羲的木德主運，到神農的火德主運，再到黃帝的土德主運，就經歷了這些過程。土德主運，土色為黃，所以這位帝王稱為黃帝，即黃色之帝。當時炎、黃之爭也很厲害，炎帝的部落發源於烈山，據考就是現在的北川、汶川一帶的羌族地區。炎帝代表的是四川西北部的文明，是為長江文明。過去認為長江是以岷江為正源，其發源於岷山，直到近代西方人才精確測量出金沙江的長度更長，水量也更大。但是從文化傳承的角度說，金沙江一線都沒有形成系統而強勢的文明，反而岷江從上古時期的文化就非常發達。而黃帝部落崛起于中原，代表了河南、山東一帶的黃河文明。所以，長江、黃河是中華文明兩大源頭，炎黃子孫，實際上就是長江文明和黃河文明的子孫。

從黃帝取代炎帝這件事上來看，也說明以黃河文明為代表的中原文化逐漸佔據上風，取得了中華文明的主導地位。但是從幾千年的中華文明發展史來看，長江文明依然保持著強大的生命力，是中華文明發展史上不可忽略的另一條主線。

傳統政治文明的理想時代

剛才我們講了炎、黃之間，長江文明和黃河文明的衝突和交流。「黃帝、堯、舜氏作」，在黃帝、堯、舜之間，在上古史中還有記載，中間還經歷了其他幾位帝王。過去說的「三皇五帝」，堯、舜是五帝中的後兩位。「三皇五帝」作為中國早期的帝王，對中國傳統的政治、經濟、文化形態的影響是非常巨大的，這些在《三字經》、《千字文》等蒙學經典中都是必須提到的，是中國傳統文化的基本知識。「三皇」第一位就是伏義，第二位就是炎帝神農氏，第三個就是黃帝；五帝是黃帝的後裔、繼承者，第一位是少昊，第二位是顓頊，第三是帝嚳，然後就是堯、舜。三皇五帝時代，是傳統中國政治文明的理想時代。

《繫辭》說：「神農氏沒，黃帝、堯、舜氏作，通其變，使民不倦，神而化之，使民宜之。」這裡結合了三皇五帝時代的政治格局的遭變，來說明易道變化在歷史進程中的作用和規律。

「通其變」，易道的核心就是通變化，對於古今之變、社會之變、人心之變，一定要學通、悟通。從上古政治格局的遭遞來看，在黃帝堯舜氏中間，還有另外幾位帝王，他們之間遞相變化，實際上都是「通」的。在政治作為上，他們互相能夠有相應的一些調整、一些變化，可以說是把易道思想比較自覺地運用到早期的政治教化上面去。從這裡的記載上來說，「通其變，使民不倦，神而化之，使民宜之」這些句子，就讓人感覺得到它是一個比較自覺的運用，是把易道變化的規律作為一個基本的思想。

從黃帝到堯舜之間經歷了這麼多位統治者，但從史料上看，五帝時代的中國社會一直沒有什麼大的動盪，沒有大的變局。而且在五帝之間，並不是傳子傳孫、按血緣關係來的，大多是實行的禪讓制，即傳賢不傳

子。這樣進行政治換代，相對也能比較平穩，的確是非常可貴的。實際上，中國古代政治最大的問題，就是最高權力的繼承問題。整個社會最容易出大問題、大動亂的時候，也正是在皇位交接的時候。即使是再英明的皇帝，往往儲君沒選好，結果就會把國家政治引向混亂與衰落。這方面的歷史經驗很多，彷彿是宿命一般，中國歷史兩三百年就要來一個輪迴，歷朝歷代在治、亂之間，往往都逃不脫這個定律。

五帝時代的最高權力交接就有這種感覺。那時候所行的禪讓制，往往都是上一位領導人通過長期對臣子的德行、施政能力的考察，然後找到一個繼承人，把他扶到實際的最高執政崗位上，然後自己退居二線，在一旁觀察他的工作實效。經過多年觀察以後，這位繼承者在政治上能成功，就會取得大家的信任。

我們看歷史上的堯舜禪讓，老領導一去世，繼承者自己也馬上離開政治中心，到另一個地方住下來，與老領導的兒子各自領導一方。但是，天下諸侯這時候已經是心有所向了，他們就會有所選擇，比如說要裁判紛爭、進貢納獻，這些諸侯們就會自動到新領導這裡來，老領導的後裔就被冷落到一邊，成為一個地方諸侯，政權就這樣自然而然地交替了。我們看堯去世以後，舜作為最高的執政者，在繼位之前，為了避開堯的兒子丹朱，自己就離開首都搬到河南去了。結果天下諸侯都要到河南去朝拜舜，有什麼大事都去河南找舜來解決，而把堯的兒子丹朱晾在一邊。這樣一來，舜看到天下民心確實已經歸服於他，於是才正式繼承天子之位。那時的禪位就是通過這個方式，所以政權交接問題解決得比較好，國家社會也非常安定祥和。

總的來說，五帝時代的社會還是比較安定的。雖然黃帝傳位於少昊，在少昊的時代還是發生了「九黎亂德」的事件。當時黎這個氏族有九個兄弟，通過怪力亂神的這一套東西，漸漸蠱惑百姓，使社會風氣不再推崇德行，而是推崇鬼神一類的迷信。雖然民風變化很大，但是少昊因為「素修太昊之法」，就是推行太昊伏羲氏的遺法，廣修德政，所以這個事件也沒有真正動搖少昊的統治基礎。史載他在位八十四年，壽一百歲，已經是相當了不得了。

「通其變，使民不倦」。上古五帝通過政治上的傳遞，都能夠通達天下的變化，同時在各個時代根據不同的社會情況使用不同的方略，變中有穩，穩中有變地治理國家，使老百姓們沒有太多的厭倦，也沒有太多

的抱怨。其實，不管什麼東西，凡是經久不變就容易僵化，人就容易厭倦。在五帝時代，因為對社會變化掌握得較好，能夠與時俱進、與時俱變，所以才會天下太平，被後世標榜為理想社會。

神化裡面的玄機

「神而化之，使民宜之」。我們看，神化一詞也是出自《易經》。前面講了「通其變，使民不倦」，這裡的「神而化之」也是通變的一種方式啊！就是用「神話」的方式，來通達社會人心的變化，以此為教化手段，使老百姓「宜之」，讓他們覺得適宜、安心。

在人類歷史上，不管是對領袖人物的神化，還是對這套學問、那套學問的神化，都有這麼一個過程。為什麼要神化？其實也不是專門為了神化而製造神話，除非極個別犯上作亂者，借神化而滋事。總之，一般的神化過程，都是自然而然形成的。我們看歷史上真正優秀的領袖人物，的確是很了不起的，有很多的豐功偉績，老百姓自然就有一種崇敬的「高推聖境」的心理產生。這種崇敬的心理就是神化的基礎。隨著時間的推移，捕風捉影的事例越來越多，自然而然也就形成了一個個有鼻子有眼睛的「神話」。

我們看，凡是歷史上的偉人，往往都逐漸會神化。傳說中的伏羲氏，是他的母親「履巨跡而孕」，是無意中踩到了巨人留下的腳板印而孕生出來，當然好神化哦！佛教裡釋迦牟尼佛，本來是釋迦部落的王子嘛，他的母親是難產而死的。但後來在「乘象入胎」的神話中，就說釋迦牟尼是騎著一頭長了六根象牙的白象入胎，他母親生他之前，夢見了一頭六牙白象馱著他從天而降。釋迦牟尼生下之後更神奇，呱呱墜地之後，他馬上就能走路，而且是周行七步，然後知天知地，一手指天一手指地宣佈說：「天上天下，唯我獨尊！」這些神話，當然都是佛教徒們津津樂道的，但是我們如果研究釋迦牟尼的實際生平，就可以看出這個神化過程，一步步是怎麼來的。

一個學術的神化過程也是如此。我們前面講了那麼多易道的原理，實際上沒有什麼神話吧？都是實實在在的東西。但是，對於沒有這麼系

統學習過的人來說，你跟他一談到《易經》，那聽來都是神話啊！

我小時候在川北山區生活，那裡民間就有說法，小孩子晚上如果害怕，夜哭不止，就是有鬼魂纏身，一般是在門外貼一張帖子，寫上「天皇皇，地皇皇，我家有個夜哭郎。過往君子念三遍，一覺睡到大天亮。」也有更講究一點的，就畫上一張陰陽八卦圖掛在床頭，或者塞在枕頭下，據說這樣鬼都不敢來。在中國民間，《易經》八卦就有這麼神奇哦！這當然也是一種神化，是對《易經》這門學術的神化。

其實，這種自然而然的神化過程並不是什麼壞事，對於普通老百姓來說，他就是需要有這麼個東西抓住自己的精神，需要有一種神化的寄託與自己的精神「相宜」。

我們看那些研究佛法、弘揚佛法的人，你要叫一般普通的佛教徒，包括天天跑廟子的那些大爺、大娘們去學唯識、學中觀、學天臺教觀，那怎麼可能呢？他們肯定學不進去，也沒有要學習進去的這個願望。但是你教他念佛拜佛，這就非常「相宜」。你跟他說只要終身念一句「阿彌陀佛」，能念到一心不亂，就決定往生西方極樂世界，那他肯定會信、會念。只要是有這種信仰的人，他念佛就會念得很好，而且在專注念佛的過程中，確實就會有殊勝的體會。因為一心稱名念佛的方法雖然簡單，但那也是「暗合妙道」啊！跟中觀、唯識這一套高深的佛學理論一點都不相違。你念佛念到了一定的程度，戒、定、慧就全在裡頭了，對自己心性也就逐漸會有把握，對佛法的理解就會漸漸深入，逐漸就能以此而入菩提道了。

神化的過程就是這樣。這種神而化之的現象，對大多數人來說並不是一個壞事，它是「使民宜之」，與普通老百姓的精神狀態、生活狀態是相宜的。古人有古人的神化，現代人也有現代神化啊！比如對科學技術的崇拜、對權威專家的崇拜、對某種制度某種主義的崇拜、甚至年輕人對明星影星們的崇拜，等等，你仔細去觀察和思考，都是一個個「神而化之」的現象！

所以，真正能夠破除神化的，世界上也只有極少數的人。什麼人？就是那些大徹大悟的人，才能夠從神化的幻影中跳出來，才能徹底悟透這中間的玄機。

窮則變，變則通，通則久

下面「易窮則變，變則通，通則久。是以自天佑之，吉無不利」。這一句是《易經》名句中的名句，沒什麼可說的，一定要記住，一定要體驗到位。

簡而言之，易道是什麼呢？就是「窮則變」，一個事情到頭了、走到盡頭了，必然要發生變化；「變則通」，發生了變化，因為有了變化，事情就有轉機，就能夠通透了；「通則久」，如果真正很通達、很通透了，就能夠持盈保泰，就具有一定的穩定性。所以，我們明白了易道的「窮、變、通、久」的道理，那就是「自天佑之，吉無不利」，老天爺就會保佑你大吉大利，無往不勝。

這裡是接著五帝這段歷史時期的說法。五帝之所以能長治久安，能保持那麼長時間的社會穩定，生產發展，人們安居樂業，就是因為通達了《易經》的「窮、變、通、久」的道理。從易道的角度來說，「通則久」，久久以後呢？久久以後總還是會窮的，日久生弊嘛，又要進入下一個「窮、變、通、久」的輪迴。所以，五帝相繼的統治雖然很不錯，也很長久，但在堯、舜之後，到了大禹王以後就改禪讓制為世襲制，由公天下變為家天下了。這也是一個自然而然的過程。所以，不論我們處在哪個階段，都要有所警惕，都要有清晰的應對之策。你意識得到處在「窮」的階段，那就該考慮變上一變了；變通達了以後又要怎麼辦呢？就要想辦法持盈保泰，讓這種良好的局面保持得更長久一些。總之，隨時都要有這種「通其變」的意識，這樣才能「自天佑之，吉無不利」。

下面一句，是講乾坤二卦：「黃帝、堯、舜垂衣裳而天下治，蓋取諸乾坤」。黃帝娶了一個夫人是西陵氏，後人叫做嫘祖。她是中國的蠶桑之祖，中國古代的絲綢是全世界最吃香的奢侈品，當然就拜嫘祖之賜了。黃帝時代因為嫘祖發明了蠶桑，發明了絲織，從此，人們就不再是拿樹葉往腰上一圍，而是有了像模像樣的衣服穿了。

這裡「垂衣裳」是一個比喻，比喻什麼呢？比喻文明、文化。因為對上古人來說，有衣服穿就是文明人，沒有衣服穿就是野蠻人。文明人和野蠻人的區別就是看你的服飾穿著打扮。在中國文化中，「衣冠」就有這麼一個象徵意義，像「衣冠楚楚」、「衣冠禽獸」這些成語，就是從這

個意義上來講的。在中國古代,「衣冠」一詞還代表著文明的正統。在宋代的時候說「衣冠南渡」,就是說中華文明的正統已經到了南方去了,南宋是中華文明的正統,北方是少數民族,屬蠻夷地區。現在看來,少數民族雖然也是中華民族大家庭中的一員,但就歷史文化而言,則談不上正統,充其量說是中華文明的支系。所以,這裡的「垂衣裳」,就是指用文明、用文化來治理天下,而不是用武力、用野蠻的強力來統治天下。

但是,《繫辭》這個地方說「垂衣裳而天下治,蓋取諸乾坤」,用乾坤二卦來取象,在這裡又有些講不通了。我們看乾卦整個的卦、爻、彖、象諸辭,都沒有與「衣裳」相關的意象。雖然說坤卦六五爻辭說:「黃裳,元吉」,黃裳,就是指黃顏色的裙裳。在古代,衣和裳是有區別的,衣是指穿在上半身的衣服,裳是指下半身的裙子。所以,如果用乾坤二卦來硬套的話,只能說是用乾卦來比喻衣,用坤卦來比喻裳。當然,我們如果發揮自由聯想的能力,說乾為天,天有覆蓋之意,人體上身的衣服就是覆蓋著下半身的裙裳;坤為地,地有承載之意,下半身的裙裳就是有承順之感。這樣說好像也勉強說得過去。

總之,這裡「垂衣裳而天下治」,就是用文明、用文化的懷柔方式來治理天下,這個說法是很精到的。但是,與其說「垂衣裳」是取象於乾坤二卦的話,我倒覺得前一句「易,窮則變,變則通,通則久」這幾句是取象於乾坤之道更準確一些。

前面講過《易經》十二個辟卦,一年十二個月的月卦,就是通過乾坤二卦此消彼息變化而來的。比如,乾卦生一陰變成天風姤,生兩陰就變成天山遯……通過這種變化,變到了最上一爻的時候就是窮,窮則變,就變成坤卦,接著坤卦生一陽變成地雷復,生二陽變成地澤臨……這樣的迴圈變化,就可以說取象於乾坤二卦。

這裡說「垂衣裳而天下治,蓋取諸乾坤」,確實有點勉強。當然,歷代的注家肯定不會像本光法師一樣敢直言批評這些附會之說,而是硬著頭皮勉強來講。我們這裡,則採取把各種意見都擺出來,大家自己取捨為好。

古代交通的發展

這一章是從上古歷史的發展演變來說的。下面一句又涉及到了渙卦，風水渙，上巽下坎。

渙卦。

刳木為舟，剡木為楫，舟楫之利，以濟不通，致遠以利天下，蓋取諸渙。

我們前面講了要通，怎麼才能通？社會政治制度這些要通達，人與人之間更要通達啊！人與人之間的溝通是一切通達的基礎。怎麼才能通呢？改革開放時期說「要想富，先修路」，所以首先就要發展交通。

在古代，水路交通是最方便的、成本最低，只要有船往水裡一放就行，所以要優先發展水上交通。「刳」就是挖的意思。「刳木為舟」，上古時代造船也很簡單，一個大圓木頭鋸成兩半，再把中間挖空就是一個獨木舟；然後再「剡木為楫」，把木頭削平製成槳，就可以划著走。

「舟楫之利，以濟不通，致遠以利天下」，我們看《繫辭》的作者確實有些意思。前面明明講的是另外一種通，講治理天下的通，這裡突然說不通怎麼辦呢？不通就造船。他就把抽象的通和具體的通拉到一起來說了。造船製槳的目的，就是為了人們之間的溝通。這樣的交通發達了的話，人們就能夠抵達很遠的地方，就能夠有利於天下人。最後一句「蓋取諸渙」怎麼說？風水渙。實際上這個卦象也很形象，上為巽，為風、為木；下為坎，坎為水。水上之木順風而行，當然就是「舟楫之利」。這個易卦很形象，感覺上很到位。

隨卦。

服牛乘馬，引重致遠，以利天下，蓋取諸隨。

水上交通發展好了，就要開始發展陸上交通。澤雷隨卦，上兌下震，

用這個比喻陸上交通，怎麼講？大體意思很清楚，「服牛乘馬」，就是把野牛降服了以後變成拉車的家牛，乘馬就是騎馬，服牛能引重，乘馬能致遠，總之跟「舟楫之利」一樣，也是要利天下。

但為什麼「取諸隨」呢？這中間仍然要通過卦象作一個分析。隨卦下卦為震，震為雷、為動，過去的車子，尤其是木頭輪子滾動起來就「隆隆」作響，由遠而近地過來，隱隱約約就像打雷一樣，而且震卦本來就有車之象。隨卦的上卦為兌卦，兌卦是一陰入於兩陽，其本為乾卦，因為一陰淩於乾陽之上，就形成了兌卦。乾為天、為健、為馬，一陰淩乘於兩陽之上，乾變為兌，所以說是「乘馬」之象。隨卦的下卦為震，是一陽入於坤卦，就是一陽順服於坤卦，坤為地、為牛，所以震卦又有「服牛」之象。「服牛乘馬」就是取象於隨卦。

另外，隨卦這裡還有前引後動之意，前有兌卦乘馬之引，後有震卦相隨而動，就是一幅牲口拉車的圖畫。總之，這裡講的就是上古時代發展陸上交通的情形。

與文明共生的社會隱患

再往後，既然人們往來都很頻繁了，水陸路的交通又很發達了，這個時候就容易出問題。所以下面一段又變卦了：

 豫卦。

重門擊柝，以待暴客，蓋取諸豫。

這就是要注重社會治安，就是要防賊防盜。重門，一道門還不行，還要用兩道門，就像我們現在的雙保險防盜門。「擊柝」，就是晚上要有巡夜敲梆子的，這個治安手段直到近代都還是行之有效的。我記得上世紀七十年代初，偏遠一點的縣城裡都還聽得到巡夜打更的吆喝：「各家各戶，關好門窗，防火防盜囉！」這裡的「重門擊柝」，就是要把門窗搞牢實點，大家要互相提醒。因為交通太方便了，盜賊也來得快跑得快，所

以要提高警惕，防止階級敵人搞破壞。

那麼，「蓋取諸豫」，這個又怎麼講呢？我們對每一個卦取象的道理都說一下，讓大家有一點易卦取象的概念。雷地豫卦，你看這個豫卦的卦象，在五個陰爻中間放了一根陽爻在那裡隔著，就像有一道門的感覺。豫卦的上卦為震，它的綜卦反過來就是艮卦，也有門的意思。所以這裡說是重門，就是一個卦裡面有兩個門的象。我們看豫卦的三、四、五爻組成了一個什麼卦呢？坎卦嘛。坎為險，中間是個坎卦，就說明這中間是有危險的；同時，坎也為月、為夜，所以這個豫卦提醒大家，晚上要小心危險，要關好兩道門，還要敲梆子要巡夜。《彖辭》說「順以動，豫」，其中也有預備的意思，順從於時節因緣，諸事皆有預備，以防萬一，所以說是「蓋取諸豫」。

小過卦。

斷木為杵，掘地為臼，臼杵之利，萬民以濟，蓋取諸小過。

把木頭砍下來做成棒杵，在石頭上挖個坑凹插進去，就做成杵臼。有了杵臼，就可以用來舂米，把稻穀的殼去掉，大家就可以吃上白花花的大米了。所以有了「臼杵之利」，糧食就會越吃越精，味道也就越來越好，說明生活水準已經大幅度提高了。人家不光只是解決溫飽問題，也要考慮口感，要從美食的角度去發展了。

那麼，為什麼說「蓋取諸小過」呢？我們看雷山小過卦，上震下艮，中間是兩根陽爻，兩邊各兩根陰爻，感覺就是一根棒杵在中間，然後兩邊是空的，就是用棒杵在石臼裡舂米的樣子。而且這兩邊的陰爻，有些手抄的古書上把斷開的橫杠畫成了兩點，一邊四個小點，感覺就是棒杵舂下去，大米從兩邊濺出來，很形象。在很多《易經》的注解上面就說，人吃糧食就是圖個肚皮飽嘛，你舂得那麼細，吃得那麼精，確實有點過了。其實，吃得粗一點對人體反而是有好處的，現在有些比較講究營養的朋友，就到處找糙米，也就是沒有脫過內皮的稻米做吃，因為吃加工太精細的米，雖然口感上去了，但營養喪失得很多。所以，《繫辭》這裡說「蓋取諸小過」，也暗含有人們生活得太精緻了，也是有點小過、有點

小毛病的意思。

人生活得太好了，無事就要生非，就要惹事起麻煩。個人的矛盾恩怨放大了就會引發族群的鬥毆，族群鬥毆再放大，就會引發國與國之間的戰爭。所以下面又要拿卦象說事兒了：

 睽卦。

弦木為弧，剡木為矢，弧矢之利，以威天下，蓋取諸睽。

這就是說人類之間相互征戰的事了。「弦木為弧」，也就是把柔韌性好的木棍彎下來，彎成一個弓；剡木為矢，就是把細木棒削尖，就變成了箭。弓箭的發明對古人來說，那是很大的一件事。在古代來說，弓箭就是最厲害的工具和武器了，射獵禽獸是一方面，更重要的是「以威天下」，有了強大的武力，就能夠威懾所有的異族。

這個「弧矢之利」取象的是哪一卦呢？取象的是睽卦。火澤睽，上離下兌。按一般的說法，離卦為中女，兌卦為少女，一個家裡頭有兩個女兒在那裡大眼瞪小眼，相互就這麼盯著。

這個睽卦給人的感覺就是這個樣子。那麼這個睽字，本身就有對峙之意，所謂眾目睽睽，互相都不服氣，不服氣就要大眼瞪小眼，稍不留神就要打燃火。所以這裡說「以威天下」，這個睽卦就大有互相都把兵器抽出來對峙，準備是要打仗的感覺。同時在睽卦裡面，上卦為離，有戈兵之象，就有要打仗的意思。兵火兵火，離為火、為心、為目，心中起火眼睛一瞪就容易打起來，所以有戈兵之象。

睽卦的三四五爻組成了一個坎卦，坎卦就有弓矢之象；而它的二三四爻又組成一個離卦，你看整個卦象，上下兩個離卦就好像是兩個心頭起火、互相瞪眼的人，中間夾一個取象於弓矢的坎卦，確實就是眾目睽睽，兵刃相見，這個仗感覺是非要打起來不可。所以，這裡說「蓋取諸睽」，還是非常形象的。

生死兩間房

我們再看下面的一卦：

大壯卦。

上古穴居而野處，後世聖人易之以宮室，上棟下宇，以待風雨，蓋取諸大壯。

正如這裡講的，上古時代的人嘛，剛剛脫離原始社會，當然就是穴居野處，白天就到處晃悠找吃的，吃飽了就曬太陽，晚上隨便在哪裡挖個洞洞，只要能遮風蔽雨就行，跟動物們沒有太大的區別。

「後世聖人易之以宮室」，其實，像造房子這些事，聖人哪管得了那麼多嘛！未必就是某一個人發明的，而是隨著自然條件的變化，漸漸有了蓋房子居住這樣一個概念。那麼，這個房子它有個結構，古人說上棟下宇。所謂的棟，就是指屋頂中間那一根主樑；宇呢，就是指的這個椽子，從主樑兩邊斜下伸出來的椽子，這個椽子上面是要架瓦片防雨的。所以傳統建築的這個棟是「直而承上」，這個宇是「兩垂而下」。「上棟下宇，以待風雨」，就是你做了這麼一個房屋頂棚，就是為了防風蔽雨。

蓋房子這個事又是取象於哪一卦呢？就是「蓋取諸大壯」。雷天大壯卦，上震下乾。整個卦象就彷彿上面打雷了，眼看就要下雨了；而下面這個乾卦，乾為天，就是指的我們人躺在屋子裡頭，你看到上面的東西就稱之為天。我們在屋子裡看到的這個天，就是為你遮風擋雨的天。所以，儘管上面是雷雨交加，但下面呢，三根陽爻很堅挺地橫在那裡，一點都不用擔心風吹雨打，所以是「蓋取諸大壯」。

大過卦。

古之葬者，厚衣之以薪，葬之中野，不封不樹，喪期無數。後世聖人易之以棺槨，蓋取諸大過。

這裡又講到古人喪葬的觀念了。上古時代的人死了，要給他下葬也沒得什麼花樣。「厚衣之以薪」，實際上就是用柴草之類、樹葉樹枝之類把屍體一蓋就完了；「葬之中野」，就把他放在郊野，包上這麼些柴草入土就完事了；「不封不樹」，就是指這個坑上面不封土，把屍體放在坑裡，上面蓋上樹枝草葉之類就行了，也不為他樹碑立傳，寫上某某千古、永垂不朽之類的話。也有另外一個說法，就是古代人死了，他的墳頭上都要栽一棵樹，叫墳頭樹。這裡講上古之人沒有這些規矩，人死了就死了，這棵墳頭樹也免了。

「喪期無數」，那時家裡死了人，哀悼一下就行了，喪期也沒有個定數。有些人也許死了就完了，鼓盆而歌就算了；有些人呢，又嗚呼哀哉，哭個三月五月、一年半年的，大家都沒有固定的規矩，沒有定數。後來，制定了喪葬的儀式，大家一般守孝三年，哭也不要太傷身體，寄託哀思就行了。有了這麼一個定制以後，這個事情就能夠中道而行，就不至於搞得太過。

「後世聖人易之以棺槨」，棺槨現在一般看不到了。過去的老棺材，裡面一層木頭匣匣，稱之為棺；外面還要套一層木頭，就是槨。過去的普通老百姓，或者說平民死了，其葬儀是有棺無槨，不能套外面那一層槨的；只有貴族死了才能用槨。這是過去葬儀的要求。為什麼要把葬禮看那麼重呢？生死事大嘛！有了這一套葬禮之後，人生就不再顯得那麼粗陋、消極，好像人死如燈滅，一點想頭都沒了。對於死者來說，也能得到生者一種尊重，人性超越於動物性的那一面，對於榮譽和尊嚴的可貴追求，就容易體現出來。

「蓋取諸大過」，為什麼要取象於大過卦呢？大過卦在漢易裡就稱之為棺槨卦、死卦。如果哪個人生病了，你為他打出了大過卦，那基本上就準備送喪禮了。過去生病的人很忌諱打出這個卦，大過卦和小過卦都很忌諱。小過之象是大坎，你看中間兩根陽爻，兩邊各兩根陰爻，整個就是一個線條粗一倍的大坎卦嘛，所以小過又稱之為大坎，遇到這個卦是很難過的。那麼打到大過卦，那就是必死無疑了，棺槨卦，要送棺材去了。

我去年春節前，就打到過這個卦。開始有點不信，因為那位師兄看起來好好的，我去太原之前的兩三天，還碰見他騎著電瓶車在街上轉。結果呢？我們一家坐在火車上，半夜剛剛進太原站，就接到一個朋友的

電話，說那位元師兄在華西醫院往生了，下午發病，幾個小時就沒了。成都的很多師兄們都知道這個事，他是一個菩提小組的組長，非常好的一個人，說走就走，真是太突然了。

我們看大過卦的卦象，澤風大過，上兌下巽，兌為澤、為穴，就像地下挖個坑坑，中間是空的；巽為風、為入、為木，入到木頭裡面，也就有棺槨之象了。整個卦象就是把木頭棺槨埋在墓穴之下，所以這個卦被稱之為棺槨卦、死卦。《繫辭》就說古之聖人所制定的一套葬禮，就是通過對大過卦的體會來制定的。

契約產生於結繩

這一章還有最後一卦，我們來看：

 夬卦。

上古結繩而治，後世聖人易之以書契，百官以治，萬民以察，蓋取諸夬。

上古的時候，大家有事情都是用一根繩子把兩頭綁起，然後從中間一刀割開，一人拿一頭，然後去做事情，做完了回來以後，大家就各自拿著繩子來對，對上了就說明我們兩個人圓滿完成了這個事情。它就是一種原始的契約。到了後世，語言文字發明了，大家就以書契為憑，基本上就跟現在訂合同差不多了。這樣記事情就比用繩子打結要清楚明白得多，而且遇到「老賴」也不容易賴脫，因為黑字白紙擺在那裡，很清楚很明白的。有了這個書契當然就很方便了，縣大老爺斷案就證據確鑿了，你看契約擺著，白紙黑字就在那裡擺著，還不從實招來？！那麼對於普通老百姓來說，做事也很方便。

一般中國人都喜歡君子協定，我現在都改不過這個習性，總覺得「君子一言，駟馬難追」，簽字畫押的，總有點說不出口。但是如果碰見偽君子，碰見真小人，這個君子協定就不管事了。所以，現代社會講究契約

精神，朋友歸朋友，真正做事了，還得契約先行，先小人後君子，這樣白紙黑字，免得日後起糾紛。

「蓋取諸夬」，澤天夬，上兌下乾。兌有口舌之意、口舌之爭；乾為天、為剛健。整個夬卦的卦象，就是以乾剛來決口舌之爭，即以乾剛決兌，以剛健正直之心來判斷口舌之爭。那麼判斷的依據呢？就是這裡講的書契，用契約來作為解決口舌之爭的依據。

這一章所列舉的十三個卦，我們就把它大體上講完了。在這些卦中間，有的確實類比得很形象、很準確，但有些卦的類比就有生硬附會之嫌了。當然，《繫辭》的作者在所列舉的每一段後面，都說是「蓋取諸某某卦」，蓋就是大概嘛，大概如此、可能是這樣。所以，這些有比附之嫌的易卦我們也不要太較真，作者不過是為了說明上古文明的歷史進程而已。通過列舉的這些易卦，我們能夠從中找到一定的規律性，能夠通過卦象來判斷一些事情就可以了。

第三章

爻象之動　吉凶悔吝人世間

第三章　　爻象之動，吉凶悔吝人世間

　　是故易者，象也。象也者，像也。象也者，材也；爻也者，效
天下之動者也。是故吉凶生而悔吝著也。

——《繫辭下傳》第三章

　　上一章我們從「包犧氏之王天下」，一直講到神農、黃帝，把三皇五
帝的這些歷史，結合著《易經・繫辭》給大家講了一通。那麼，上次講
的這個遠古社會，我們看各種形態、各種生活方式，不管人們在生產生
活上，還是從事社會人事當中的方方面面，都可以通過易卦的卦象來表
現出來。我們也看到，不管是打獵捕魚、農業生產，還是水陸交通、市
場交易，乃至於修房子、打官司、打仗等等這些，統統都在易卦的卦象
當中尋找到了它的理論依據。當然，到底先有事件再有卦象呢，還是先
有卦象再有事件，從《繫辭》裡看，好像是聖人根據這些卦象，然後才
來創造發明了這些事物。但實際情況呢？也可能是先有了這些事物，然
後才從這些事物裡面抽象出了這些易卦。我們沒必要多追究，兩種情況
都有可能。

　　今天我們要學的這一章，就是結合了上一章這些具體的例子，然後
得出了一個結論。

　　「是故易者，象也」，這裡是接著上一章講的，上一章裡所說的易道
的各種形態，包括我們能夠看到的卦象、爻辭，以及易道的各個卦象之

間的種種變化，都是由象而生的。所以「象」對易道來說是一個根本，易道的規律是通過形象表達出來的，所以是「易者，象也」。

我們看《易經》六十四卦當中，每一卦可以說都是一個非常具有代表性的象。當然上一章裡面就很明確，說得很清楚，打獵捕漁這些事就是從離卦之象而來，趕牛乘馬這些事就是從隨卦之象而來，等等這些都是有具體的象。所以古人有一種說法是「非象無以見易，非象無以言易。」《易經》是講理、氣、象、數的，但其最根本的特點是在於象上。因為理，《易經》的理和佛家的理、道家的理，都是能夠相通的，但是觀物取象，則是《易經》最獨特的東西，用一陰一陽兩根杠杠，就組成了千變萬化的大千世界，這個是《易經》中間最獨特的。遠古聖人是通過仰觀天象、俯察地理，然後中通人事，把這些東西揉在一起，創造了這麼一套符號系統。所以，《易經》當中的一言一辭，無不來源於易象。

「象也者，像也」，這裡的「象」，當然就是指的易象。「易者，象也」，易啊，它就是象；那麼「象」又到底是個什麼東西呢？它是從哪兒來的呢？這個「象」，就是「像也」，就是指一個比喻、擬象、模擬。遠古創造《易經》的聖人們，他們是通過仰觀天象、俯察地理，把天上的這些象、地上的這些象，通過抽象的符號類比出來、表達出來，用一陰一陽兩根杠杠畫出來，這個就是「像」。這個像只是一個比喻，而並不是一個實象。我們看乾為天，難道天就是六根直杠杠？不是嘛！但是，我們就能夠從這六根直杠杠裡面體會出乾為天、天行健的這種精神。坤為地，地也並不是說就是六根斷了的杠杠，它也是一個比喻嘛，擬象而已。所以是「象也者，像也」。

「彖也者，材也」，彖辭的內容是幹什麼的呢？它就是「材」，就是卦象的材料，就是構成一個卦象的內容，從彖辭裡面我們能夠體會得到卦象的內容。每一個卦都有它的卦德，這個卦德，往往就是通過彖辭表現出來。我們看乾卦的彖辭，「大哉乾元，萬物資始，乃統天。」這就是體現出來的乾卦的卦德。坤卦的卦德也是從它的彖辭裡面體現出來的，「至哉坤元，萬物資生，乃順承天。」我們看乾卦是統，統帥一切，統治一切，包容一切；那麼坤卦呢，它是順承，是順乎於天。所以，通過彖辭，就能夠表現出一個卦的核心精神，體現出它的卦德。

「爻也者，效天下之動者也。」陰爻陽爻，它是組成易卦的最基本單位，「效」這個地方，就是比擬、仿效之義。效天下之動，就是模擬、

仿效了外部世界所發生的運動、變化。我們打出一個卦來，判斷吉凶悔吝很關鍵的地方，就是看它的動爻；使卦象產生變化的關鍵，就在於爻位之動。

我們還是以乾卦為例，乾卦總體來說就是「元亨利貞」，但是它每一爻所體現的內容是完全不一樣的。最底下一爻是「潛龍勿用」，讓你悄悄在那兒藏著，悄悄修煉，不要隨便亂動；到了第二爻的時候，就是「見龍在田」，這個時候你就可以顯現一下，可能會「利見大人」，得貴人相助，等等。所以爻動在不同的位上，結果會差別很大。一個卦動爻的位置不同，就是說明它處在不同的動態之中，就會帶來卦象整體的相應變化。

比如說安安靜靜的一個卦，它代表的是我們在社會人事中的一個基本現象，也可以說是一個基本的、靜態的模型，這個模型的構成因素就是六爻。六爻在不同的位置上，其中任何一爻的變動，都會給整個模型帶來變化，整個易象就會隨之而變化。我們經常說一個專案，這個專案包含哪些內容呢？包含目標值，還有執行者、投資人、內外環境、投資額度，等等，這些都是一個專案基本的內容，就相當於一個卦中的六爻。那麼，這個專案中任何一個內容發生了變化，整個專案都會隨之而發生變化。

「爻也者，效天下之動」，它是模擬一個事件的運動規律，變爻、動爻就是這樣來的。任何一個事情，你不動，那麼好事也沒有，壞事也沒有，沒有什麼值得後悔的，也沒有什麼操心的，但是你一動，往往吉凶悔吝就從中產生了。這是「爻也者，效天下之動者也。是故吉凶生而悔吝著也。」就是因為爻動，從而產生了吉凶悔吝等等的結果。

第四章

易數中的陰陽之辯

第四章　　易數中的陰陽之辯

　　陽卦多陰，陰卦多陽，其故何也？陽卦奇，陰卦耦。其德行何
也？陽一君而二民，君子之道也。陰二君而一民，小人之道也。
　　　　　　　　　　　　　　　　　——《繫辭下傳》第四章

　　第一句「陽卦多陰，陰卦多陽」，它指的是單八卦。一般人愛說，單
八卦就是由乾卦帶隊帶了三個兒子，坤卦帶隊帶了三個女兒，所以是四
男四女，四個陰卦，四個陽卦。「陽卦多陰」，在三爻的單卦中，只要是
陰儀多於陽儀的，陰儀是兩個、陽儀是一個，那麼這就稱之為陽卦，它
包括震卦、坎卦、艮卦，這是陽卦。陰卦除了坤卦之外，就是巽卦、離
卦、兌卦。這就是所謂的「陽卦多陰，陰卦多陽」。

　　那麼「其故何也？」為什麼這麼說呢？原因就是「陽卦奇，陰卦耦。」
對於這一句的解釋，歷來有很多說法。本光法師對這一章有異議，不怎
麼談它，覺得「陽一君而二民」，把八個卦來類比君子之道、小人之道，
覺得這個不是很準確，有僵化附會之嫌。但是我們在學習《易經》的過
程當中，在其它的易學名著裡面經常會遇到，不光是單卦裡面談到陽卦、
陰卦，同時在重卦裡面也談到陽卦、陰卦。這個又怎麼講呢？

　　王夫之先生就認為，這個卦，它是由數而來。它所代表的數是奇數，
那麼就是陽卦；它所代表的數是偶數，那麼就是陰卦。我們看八個單卦，
它無非就是三陽，或者是三陰，或者是一陽兩陰，或者是一陰兩陽。那

麼，這個「數」是怎麼來的？三陽，當然很簡單，我們在學大衍之數的時候，得出的餘數是六、七、八、九，那麼九為陽數之極，六為陰數之中，所以九是代表陽爻，六是代表陰爻。那麼，這個數用在易卦上面，三陽和三陰，一陽為九，三九二十七；一陰為六，三六一十八。所以三陰是偶數，三陽是奇數。奇為陽，所以三陽之乾卦是陽卦，三陰之坤卦就是陰卦。乾坤二卦是如此，其它六卦的數也是如此，比如說坎、離二卦，坎卦之數為二十一，是奇數，故為陽卦；離卦之數為二十四，是偶數，所以是陰卦。

這是從單卦的角度來說，那麼重卦的角度又怎麼來談陽卦、陰卦呢？我們看六爻的卦，其陰陽的組合，無非就是幾種：一陰一陽、二陰二陽、三陰三陽、六陰六陽。那麼四陰四陽呢？四陰四陽，你看另外一面，實際上就是二陰二陽這種組合；五陰五陽實際上就是一陰一陽的這種組合。

二陰配合的就是四陽；二陽就配合四陰；三陰就配合三陽，這個是陰數和陽數。那麼一陰一陽的，比如說姤卦，天風姤，姤卦之數是多少呢？一陰五陽，那麼就是九乘以五，再加上一個六，一共五十一，所以是陽卦。那麼一陽五陰呢？比如說復卦，復卦是五個陰爻加上一個陽爻，那麼就是六乘以五，再加上九，一共是三十九，還是陽卦。所以說，凡是一陰一陽就是陽卦。

那麼二陰二陽呢？我們隨便舉個例子，比如說二陽，地澤臨卦，臨卦的數是多少呢？六乘以四，加上九乘以二，一共是四十二，所以它就是陰卦。二陰也是一樣的，所以二陰二陽是陰卦。

那麼三陰三陽呢？比如地天泰卦，六乘以三，加上九乘以三，一共是四十五，還是陽卦，所以三陰三陽還是陽卦。

那麼六陰六陽呢？大家一算，六九五十四，六六三十六，都是偶數，所以是陰卦。

所以，就六爻的重卦而言的話，就有這麼四種情況。陰卦陽卦就是通過這些數的奇偶來區分的，其中有三十二個卦是陽卦，三十二個卦是陰卦。

按王夫之先生的說法，到這兒的時候還有一點小問題。什麼問題呢？就是六陰六陽這個問題。六陰是坤卦，六陽是乾卦，為什麼在重卦當中，從數上來說，乾坤二卦都是陰卦呢？大家都知道，乾卦為純陽之卦嘛，為什麼從數上來看，反而是陰卦呢？所以對於這個問題，王夫之先生就

留了一句話:「其必有說,以示知者。」確實,這裡應該有其它的解釋,但船山先生說,我這兒講不走了,那就留給以後哪個有智慧的人來解決這個問題吧。

從上面的講述可以看出,陽卦和陰卦的分法,確實是從數學模型上來考慮的。我們僅從單八卦和重卦的這個角度來看,單八卦本身就是三根杠杠,三根杠杠這個數,本來就是一個陽數,重卦是六根杠杠組成的,不管你是陽卦還是陰卦,起碼它這個爻數就是陰數。所以,單卦的感覺和重卦的感覺,在陰陽上是很不一樣的。比如坎卦,單卦是一陽二陰,是陽卦;如果是重卦的坎卦,就是二陽四陰,反而是陰卦了;離卦呢?單卦是陰卦,重離之卦卻仍然是陰卦。所以,單從數的角度來判一個卦的陰陽,就會有許多爭議。

就我個人來說,對這個問題也不喜歡深鑽,覺得談到這兒也就差不多了。如果在座各位有願意在數理上面更深入研究的,可以去進一步研究它。不過呢,我還是覺得本光法師說得好,關於易數的這些東西,知道一點就行了,別人用易數來蒙不了你就行了。至於要在易數上面鑽很深,鑽到算天算地算古今這個份上,他老人家就覺得沒有必要。只要在我們的德行上,在心性修養上面能夠有切身的體會,那麼易道就跟我們很貼近了。

「陽一君而二民,君子之道也;陰二君而一民,小人之道也」,這兩句好像就是說,一個領導帶兩個兵,這個就是正常的情況;兩個領導帶一個兵,這個就是不正常的情況。以君民來作比喻,看起來好像有道理,但實際意思不大,所以在方山易的傳授中,本光老認為這一章的立義不可取。

第五章

卦德昭昭　君子立身處事

第五章　　　卦德昭昭，君子立身處事

　　易曰：「憧憧往來，朋從爾思。」子曰：「天下何思何慮？天下同歸而殊途，一致而百慮，天下何思何慮？日往則月來，月往則日來，日月相推而明生焉。寒往則暑來，暑往則寒來，寒暑相推而歲成焉。往者屈也，來者信也，屈信相感而利生焉。尺蠖之屈，以求信也。龍蛇之蟄，以存身也。精義入神，以致用也。利用安身，以崇德也。過此以往，未之或知也。窮神知化，德之盛也。」

　　易曰：「困于石，據於蒺藜，入于其宮，不見其妻，凶。」子曰：「非所困而困焉，名必辱。非所據而據焉，身必危。既辱且危，死期將至，妻其可得見邪？」

　　易曰：「公用射隼于高墉之上，獲之无不利。」子曰：「隼者，禽也；弓矢者，器也，射之者人也。君子藏器于身，待時而動，何不利之有？動而不括，是以出而有獲。語成器而動者也。」

　　子曰：「小人不恥不仁，不畏不義，不見利不勸，不威不懲；小懲而大誡，此小人之福也。」易曰：「屨校滅趾，无咎。」此之謂也。善不積不足以成名，惡不積不足以滅身。小人以小善為无益而弗為也，以小惡為无傷而弗去也。故惡積而不可掩，罪大而不可解。易曰：「何校滅耳，凶。」

　　子曰：「危者，安其位者也；亡者，保其存者也；亂者，有其治者也。是故，君子安而不忘危，存而不忘亡，治而不忘亂；是以，

身安而國家可保也。」易曰：「其亡其亡，繫于苞桑。」

子曰：「德薄而位尊，知小而謀大，力小而任重，鮮不及矣。」易曰：「鼎折足，覆公餗，其形渥，凶。」言不勝其任也。

子曰：「知幾其神乎？君子上交不諂，下交不瀆，其知幾乎？幾者，動之微，吉之先見者也。君子見幾而作，不俟終日。」易曰：「介於石，不終日，貞吉。」介如石焉，寧用終日，斷可識矣！君子知微知彰，知柔知剛，萬夫之望。

子曰：「顏氏之子，其殆庶幾乎！有不善未嘗不知，知之未嘗復行也。」易曰：「不遠復，无祗悔，元吉。」

天地氤氳，萬物化醇。男女構精，萬物化生。易曰：「三人行，則損一人；一人行，則得其友。」言致一也。

子曰：「君子安其身而後動，易其心而後語，定其交而後求。君子修此三者，故全也。危以動，則民不與也；懼以語，則民不應也；無交而求，則民不與也。莫之與，則傷之者至矣。」易曰：「莫益之，或擊之，立心勿恒，凶。」

——《繫辭下傳》第五章

咸卦，少男少女之間

現在我們來學習第五章。這一章比較長，引用了很多卦爻，對我們學習解卦、理解一個卦的卦德，有很大的實際意義，應該當成重點來學習。這一章的結構，跟上傳第八章的結構很相似，都是直接引出《易經》當中的一個爻辭，再通過「子曰」，把它在社會人事上和精神修養上的意義提煉出來。先看第一段：

易曰：「憧憧往來，朋從爾思。」子曰：「天下何思何慮？天下同歸而殊途，一致而百慮，天下何思何慮？日往則月來，月往則日來，日月相推而明生焉。寒往則暑來，暑往則寒來，寒暑相推而歲成焉。往者屈也，來者信也，屈信相感而利生焉。尺蠖之屈，以求信也。龍蛇之蟄，以存身也。精義入神，以致用也。利用安身，以崇德也。過此以往，未之或知也。窮神知化，德之盛也。」

「易曰：憧憧往來，朋從爾思。」這一句是《易經》中的原話，來自於咸卦。大家可以翻到《易經》第三十一卦，我們先把咸卦的基本內容給大家講一下。

咸卦

《咸》：亨，利貞。取女吉。

《彖》曰：咸，感也。柔上而剛下，二氣感應以相與。止而說，男下女，是以亨利貞，取女吉也。天地感而萬物化生，聖人感人心而天下和平。觀其所感，而天地萬物之情可見矣！

《象》曰：山上有澤，咸。君子以虛受人。

咸卦，澤山咸，上兌下艮。「咸，亨，利貞，取女吉。」這是什麼意思呢？咸者感也，其實就是感覺的感；亨者通也。「咸，亨」就是感而通之，一感就能夠通。那麼，要通到什麼程度呢？能夠「取女吉」。少男少女之間，心一動就能夠感而相通，然後就男婚女嫁，生兒育女。所以，你打卦遇到這一卦就很吉祥，說明互相是有感覺的，都能夠感而通之。如果沒有感通，或者單方面有感，但對方不能跟你相通，就像過去有一齣戲叫「王老虎搶親」，強扭的瓜不甜，那就要不得，就不吉祥。所以，這個地方很關鍵的就是「利貞」，貞者正也，要正心誠意才會有利，不然就有麻煩。人與人之間的感通是要光明正大才行，男男女女之間，不能亂感亂通，不能有邪念夾雜於其中，所以要「利貞」，這樣才能「取女吉」。

那麼，彖辭是怎麼講的呢？我們剛才說了「彖者，材也」，我們來看看咸卦的「素材」到底是些什麼內容。

「咸，感也」，剛剛已經說了，咸就是感。當然，咸還有另外一層意思，就是一個全稱判斷，是皆、都的意思。魯迅的小說《孔乙己》裡面，有一個咸亨酒店，咸亨酒店的店名就是從咸卦來的。咸亨酒店嘛，大家只要到這個酒店來喝酒，來吃茴香豆，那大家都會生意興隆，事業亨通，大家都會萬事吉祥順利。實際上不僅是咸亨，還是感亨啊！你吃他的酒，都是很好很醇厚的糧食酒，沒有兌水或加這樣那樣的添加劑，下肚以後就感到很舒服，感到很通泰；如果他賣的是劣質假酒，下酒菜也是變質發黴了的，吃了就不叫「咸亨」了，大家就會捂著肚子「哼哼」了。所

以沒有「貞」，氣就不能通順，就會出問題。

「柔上而剛下，二氣感應以相與」，這就涉及到我們剛才講的「陽卦多陰，陰卦多陽」。我們看咸的上卦為兌，兩陽在下一陰在上，陰卦多陽，上面就是陰卦，所以是「柔上」。下卦為艮，是一陽在上而兩陰在下，陽卦多陰，所以它是「剛下」。正因為咸卦是「柔上而剛下」，所以「二氣感應以相與」，陰陽二氣通過上下卦的相互作用，能夠互通感應。實際上，咸卦的上卦和下卦的每一爻都是互相呼應的。我們以前講爻位的時候講過，初和四要相呼應，二和五要相呼應，三和六要相呼應。我們看初和四，初爻是陰爻，四爻是陽爻，陰陽是相呼應的；第二爻是陰爻，第五爻是陽爻，二和五同樣是陰陽相應；三是陽爻，六是陰爻，三和六還是一陰一陽相互呼應的。「二氣感應」，正因為有陰有陽，一陰一陽，才能夠相互感應。相與，就是互相給與，《詩經》裡面有句話說的，「投之以木瓜，抱之以瓊瑤，匪報也，永以為好也」，這就是投桃報李，總之是你給我送一個東西表達真心，我也給你回一個東西表達愛意，所以這個咸卦，是男女相與、互通感應之卦。

「止而說，男下女，是以亨利貞，取女吉也。」這裡的「止」，就是指的艮卦，艮為山，為止，到此為止，到這個地方就止住；說即悅，指的上卦兌卦，兌為悅，「止而說」，即內止而外悅。「男下女」，艮為少男，兌為少女，少男少女到了懷春的年齡是最容易產生感應的，感情也最純真。你真正年紀大了，經歷得多了，慢慢的知道男女之間就那麼回事，感應就不強了。所以這個卦名為「咸」，實際上是「感」嘛，它是少男少女之卦。「男下女」，少男居於下位而少女居於上位，實際是指的少男少女有了感應之後，男孩子首先要放下身段，要主動低下頭去相求，而女孩子呢？雖然內心與之相應，但表面上當然要表現出矜持一些啦。這種情況下就比較好，就能夠亨通，能夠「利貞」。如果是女追男，從一般的經驗上看，這個就稍微麻煩一點，就不容易亨通，所以是「男下女，是以亨利貞」。在這個情況下，「取女吉也」，家裡娶媳婦就比較吉利了。

為什麼這樣的感應是為「利貞」呢？因為天地的氣數、人事的禮數就是這麼回事，所以下面一句「天地感而萬物化生，聖人感人心而天下和平」，就把男女、陰陽之間的感應推而廣之。那麼在天地之間，陰陽二氣互相感通，天地萬物就由此化生出來了。對於人世間而言，像伏羲、神農、文武周公這些聖人，他們能夠感受、能夠體察到人心的向背，於

是制定一套相適應的社會制度、社會規則，來與人心的向背相呼應，所以能夠達到天下和平。

「觀其所感，則天地萬物之情可見矣」，我們作為一個學易之人，能夠通過「觀」這個方式，體察乾坤陰陽之間相互感應的這個道理，那麼「天地萬物之情」，就由感而生，由感而發，我們就能夠體會萬物對我們的情意，我們才知道感恩天地萬物。所以，感情這個詞，也是從咸卦這裡來的。我們說感情好，那就是感得「天地萬物之情」的正面；感情不好，那就是感得其偏、感得其邪。

我們再看咸卦的大象辭，「山上有澤，咸，君子以虛受人。」咸卦之象下面是山，上面是一個水潭，這種感覺就很舒服，就像長白山的天池，山頂之上有一汪池水。凡是到過青藏高原去的朋友，也經常看到在一望無際的雪域之上，突然出現一片純淨的海子，對於自駕遊或者背包族來說，就會感到非常舒服，很多人都會莫名地感動，這就是「咸」。那麼「君子以虛受人」，在這種情況下，如果是一個正人君子，應該怎麼做？在你的內心深受感動的情況下，你該怎麼做？就應該保持內心的空、內心的虛、內心的寧！要儘量保持這種空靜虛靈的狀態！萬物都有感嘛，你不能隨便什麼引起內心一感，馬上就付諸行動，你儘量要保持一種虛靜的狀態，這樣你才能對所感的物件進行理智的分析。

我們說天地萬物都能令你產生一種感應，但你能不能動？在哪種情況下能動？哪種情況不能動？所以，你必須要保持內心的空靈，才能夠發乎其正，才能夠動得恰如其分，才能動而得正。莊子在《人間世》裡面說，「虛室生白，吉祥止止」，就是你的心要像一個空空靜靜的房子一樣，四周都是白壁無瑕，乾乾淨淨，那麼吉祥就會自然而然到來。咸卦就是這樣，當你的心達到如此的清淨虛靈之後，隨其心念一感一動，都會吉祥如意。

心動的感覺

我們把咸卦的卦辭、彖辭、象辭給大家初步解釋了一下。有了這個背景、基礎，再來看「憧憧往來，朋從爾思」，你就明白是怎麼一回事了。

咸卦九四爻的爻辭是「貞吉悔亡，憧憧往來，朋從爾思」。首先要「貞吉」，那麼後悔的事就沒有了。如果你的心擺得很正，遇到心有所感的事，就會以這種光明正大的心量而得到吉祥。「悔亡」就是悔無，就是不會後悔。

　　「憧憧往來，朋從爾思」，我們看這個咸卦，從初爻到第六爻，都非常有意思。咸卦六爻都是因感而動。初六是「咸其拇」，哈哈，腳趾拇有點感覺，動了一下，當然這是很微小的一點感覺，腳趾拇藏在鞋子裡面，誰也看不到。「咸其拇」，所以沒有什麼了不得，也談不上什麼吉凶。但是到了六二爻，這就有問題了。六二爻辭說：「咸其腓，凶，居吉」，你的腿肚子上都開始感應了，就說明坐不住了，想跑了，這個時候你就有點危險了。但是這種危險，後面說「居吉」，如果你不動，能夠穩得起，能夠老老實實呆在家裡，這就比較好。如果小腿肚子一動，你就一趟子跑出去了，那就會比較凶險，不太好。九三爻是「咸其股，執其隨，往吝」，我們看，這個感覺還在繼續上升，現在大腿上、屁股上都有感覺了，那你肯定就要「執其隨」，跟隨在別人的後面「叮叮噹噹」跑個不停。但是，只有傻子才會這樣成天跟在人家屁股後面跑，你低三下四地跑來跑去，人家就會看偏你、不把你當回事，這樣就會有「吝」。所謂「吝」，就是心裡有個東西鯁在那裡很不舒服。從這一爻上看，這個「吝」、這個不舒服，也是自找的。九四爻，就是這一章繫辭上面引用的：「貞吉悔亡，憧憧往來，朋從爾思」。我們把九四先放一放，先來看九五爻。九五爻是「咸其脢，無悔」，就是你的感覺已經到背脊梁上去了，整個身子都感動了，那就沒什麼後悔了。最後，上六爻是「咸其輔頰舌」，就是感覺到了臉上、嘴巴上、舌頭上了。作為咸卦，上六就是終結，少男少女之間連嘴臉舌頭都感動了，差不多該娶媳婦就娶媳婦、該嫁人就嫁人了。因為你已經感動到了這個份上，不合二為一就有悖天理了。

　　剛才從初六「感」到上六，九四只是一句帶過，現在要詳細說明一下九四爻。在繫辭裡面，能夠把一個卦當中的爻辭引用出來，說明這個爻辭的含義是很精到的，往往能夠由此體會這一卦的精義、體會這一卦的核心精神。

　　九四實為咸卦之主，咸卦最根本的精神，就是在這一爻上面體現出來的。我們看前面，從腳趾拇開始感動，然後感動到小腿，感動到大腿、屁股，那麼九四是感動到什麼地方了呢？「朋從爾思」啊，就是心思在

動了，已經感動到心上去了。如果把一卦的六爻比作人體的話，第四爻差不多正好就處在心臟的位置哦！不管是你的腿腳也好，你的臉頰舌頭也好，總之，你一感一動都是發自於心。心有所感，那比一切地方發出的「感」都來得要快，來得猛烈！你心念一動，飛機、火箭都跑不過心念的速度。所以心感、心動，是來得最快、也來得最深。我們的心的功能，它主要在思、在慮，在思考和考慮各種各樣的事情。

那麼這個爻辭的解釋就有兩種。第一種是按照字義實實在在地解釋，「貞吉悔亡」，就是你心開始動了之後，你的心要動得很正，就會吉祥，就會沒有什麼可後悔的。「憧憧往來，朋從爾思」，只要你心動得很正，那麼來來往往、各種各樣的人在你家門口，車來車往、人來人往，就像影子一樣晃個不停，也沒有關係。「朋從爾思」，真正讓你心動的人，自然就會感應而來。只要你心思動得正，伴侶就會如約而至。

從另外一個角度上說，這個「憧憧往來，朋從爾思」完全就可以作為一個比喻，就是比喻我們心裡面的東西。我們心裡面的念頭，隨時都不曾間斷。「憧憧往來」，就是一個影子跑過來，一個影子又跑過去；一會兒被這個人感動了一下，一會兒又被那個人感動了一下；一會兒心裡被這個事情攪動了一下，又被那個事情攪動了一下。我們看自己心裡的各種念頭，是不是這麼影影綽綽、來來往往的啊？「朋從爾思」，我們心中的這一切思慮念頭，都是與我們心的功能分不開的，就是我們的心「思」的結果。我們的心思動到哪裡，哪裡的是非得失就跟著來了，所以這些來來往往的念頭，都是我們心思攀緣的結果。那麼，面對我們內心的這種紛紜繁複的狀況，該怎麼辦呢？

那就是前面四個字，「貞吉悔亡」。我們要看自己心裡冒出的念頭、冒出的想法，正不正？對不對？如果是正的、對的，你行得正坐得直，哪怕是你心裡的念頭再多，都會很吉祥的。反之，如果你心裡的念頭不正，都是歪念、邪念、貪念，那肯定就有問題，就沒有那麼吉祥，終究是會後悔的。

天下事，殊途而同歸

下面，孔夫子看到這一爻的爻辭，就開始要發議論了：「天下何思何慮？天下同歸而殊途，一致而百慮。天下何思何慮……」你們看，孔夫子對這一卦爻的感慨很多，看來少男少女的這一卦，對孔夫子他老人家的刺激也還滿大的，所以他不惜重覆用了兩句「天下何思何慮」。

天下的事情，有什麼值得你東想西想的？有什麼值得你翻來覆去睡不著覺的？「天下同歸而殊途」嗎！同歸，字面上就是指共同的歸宿，男女相感就要婚嫁，這就是男女相感的一個基本歸宿，也是自然的、正確的歸宿。但如果男女相感，非其時、非其地、非其人，比如都是名花有主的人，都是有家有室的人，那就不對了，你控制不了所感，就會產生不良的結果，到時候就有你後悔藥吃。當然這個地方，「同歸」是由此引申出「天下同歸」，不僅僅局限在狹隘的男女感情上，而是指的天地間的一切萬物，都有一個共同的歸宿。

天地萬物共同的歸宿是什麼呢？說老實話，我們人一輩子能夠體會到的最深刻的東西，無非就是兩個字——生死。生從何來？死往何去？所以過去說「無常迅速，生死事大」。道家說「生者寄也，死者歸也」，一切生命好像都是寄居在天地之間。父母把我們一生下來，我們就好像在天地之間寄居著。我們在這世上走一遭，到死的時候，就是「歸也」，就是回歸本處。當然，現在中國人一般說到死，都覺得有點犯忌諱，大家都不願意提、不願意聽。但是，如果用我們傳統文化中的說法，說最終生命是復歸於大道，那你就覺得很安逸、很吉祥。我們看道家說的駕鶴西去，佛家說的往生極樂世界，就是一個很讓人歡喜的事情，感覺上是得道歸去。所以，生死這兩個字，看你怎麼說，從哪個角度說。總之，萬物有生就必有死，這個就是一個基本的歸宿，大家就是同歸於此。

但是，不同的人有不同的經歷，有不同的生活環境，大家都走在生死的路途上，但沿途的風光各不一樣，都是各走各的道、各有各的命運，其他人都代替不了，所以它又是「殊途」。人上一百，形形色色，但是不管怎麼樣，最後都要通往終極大道。雖然各有各的死法，也各有各的生法，這個是殊途，但生死的來處是一樣的，結果也都是一回事。所以還是莊子來得瀟灑，所謂「方生方死，方死方生」，萬物都是這麼生生死死

的，真看明白了就是如此，這是我們共同的歸宿。

下面「一致而百慮」，實際上跟前面的意思差不多。只不過「天下同歸而殊途」主要是從外在事物上來說的，天下的各種事物，都是「同歸而殊途」，但是「一致而百慮」，就要放到我們的精神內部來考慮了。

吃下一顆定心丸

「一致」就是我們精神的終極之處，或者說我們的精神本體，實際上是一樣的，眾生都有佛性，在聖不多，在凡不少，一味平等，所以是「一致」。但是，我們的精神一旦展開出來，把它的作用發揮出來，那我們每個人腦袋裡面的花樣就大不一樣了。我們腦袋裡各種各樣的花樣、各種各樣的思慮，每個人都各不一樣，都是忙個不停。

我們有些人喜歡打坐習定，早晚在那兒坐上半個小時、一個小時，外表看起來是安安靜靜的，但心頭就像開運動會一樣的，啥東西都有，忙得不亦樂乎。儘管我們人與人不同，所思所慮也是各種各樣，但最終這些思慮還是要回到精神的本體之處，要回到我們心性當中。我們心性的終極，就是「一致」的這個地方。我們的心、我們的精神，能夠產生各種各樣的思慮，但是，怎樣去動心、動念，才能夠做到前面說到的那四個字，也就是「貞吉悔亡」呢？我們的心思要想起得正，念頭要想來得直，做出來事情要想不後悔，怎樣才做得到這一點呢？

前段時間在熊谷講《大學》，《大學》裡面最關鍵的修養功夫，就是「知止而後能定，定而後能靜，靜而後能安，安而後能慮，慮而後能得」這幾個步驟。我們這兒講「一致而百慮」，《大學》裡面就講「安而後能慮，慮而後能得」。當然，《大學》裡的「慮」和「得」都是好的，是正慮、正得，不是通過歪門邪道而來的「慮」和「得」。那麼，要想正慮、正得，最關鍵是一開始要「知止」。所謂「知止」，作為普通人來說，就是你要知道什麼事情當為，什麼事情不當為。當為的事去做，不當為的事你就要止住，要知道剎車。其實，不光對不好的事、不好的東西要「知止」，對於好的事情、好的東西也要「知止」。我們做任何事情，包括吃飯睡覺都要知止，再好吃再有營養的東西，如果你不知止，肚皮脹破那

就活該。

在我們的精神鍛煉也是如此，也要知止。但是，知止要止到什麼程度呢？那就是要止於一，就是要得一、致一。佛教道教裡面的修行，首先也是要止於一，所謂「識得一，萬事畢」、「制心一處，無事不辦」，你的精神能止於一，那就什麼事都好辦了。「知止而後能定」，我們有了這個止，那麼我們對自己的心思、行為就會有定數、有定見，你就不會亂來，該我做的我就去做，不該做的我就止、就剎車。「定而後能安」，我們做任何事情，有了定心丸，你心中有了定數，那麼你就能夠安心，這個時候才談得上慮。你真正能夠心安了，心安就理得嘛！你心安以後思慮的這個理才能得正，你從這個正理出發來做的事情，才是正事，才能有好的收穫，才能有正得，自然就會有好結果。這就是「一致而百慮」，必須通過這樣的修學過程，才能夠做到「貞吉悔亡」。

既然天下的事情都是「同歸而殊途」，都是「一致而百慮」，那還有什麼不得了的呢？天下何思何慮啊！大家都要走到一個地方去的，最終的歸宿都是一樣的，最初的來源也是一樣的。人生不過如此嘛！那你還有什麼可著急的？還有什麼好思慮的呢？所以孔夫子一連說了兩個「天下何思何慮」。

路上的風景不一般

但是，這裡又有問題了。你說不管思慮不思慮，不管是好人還是壞人，最後都無非是「同歸」。既然是「同歸」，為什麼這兒還要強調「貞吉悔亡」呢？為什麼還要強調正慮、正得呢？

實際上，雖然我們最終要到達的都是同一個目的地，所有的歸宿都是同一個歸宿，但是路途上的風光畢竟還是各各不同。我們在生命之路上，還是希望沿途的風景美一點、自我感覺好一點。比如說我們要到北京去，有各種各樣的路可以走，水路、陸路、航空，當然還可以步行，翻山越嶺走羊腸小徑。雖然同樣能到北京，但哪條路好走？哪條路直截了當不費事？哪條路上的風景好？這個就大不一樣了。人家坐飛機一個小時就到了，可你背上包袱乾糧，跟古人進京趕考一樣一走就是好幾個

月，想想這其中的差別，就全明白了！當然也有脾氣大的人，你說往東邊走他偏要往西邊走。往西邊走也可以啊！地球是圓的嘛，你繞地球轉上一圈也能到達目的地。但是你冤不冤啊！？

所以，如果你心正，把這些東西看得清清楚楚，你就能夠走一條光明大道，走一條直截了當的路，你就走得很好，不會繞道。所以這個事情上，雖然最終都要到那個地方去，但是你怎麼才能夠在沿途看見好風景、能夠走得好、能夠走得直，就需要我們把心思擺正，這就是「貞吉」。

我們看這一段爻辭之所以最重要，確實是因為在這一卦的六爻之中，其它各爻所感的都是一些身體部位，關係都不是很大，只有九四爻是「心之所感」，是至關重要的。所以我們這裡鋪陳開來，多說了幾句。

靜觀晦明不思量

下面「日往則月來，月往則日來，日月相推而明生焉。」道理很簡單，白天，太陽從早上升起來了以後，再到了西邊落下去。太陽走了，月亮就來了；月亮走了之後，太陽又來了。總之，白天黑夜就是這麼互相推動著輪轉不休。

古人的用詞很精湛啊！日月相推，就好像太陽推著月亮走，月亮推著太陽走，然後天空中的光明就這樣相繼而生了。不過，方山易說「日月不能並舉」，月亮的光明也是來自於太陽，所以不能跟太陽擺在同等位置。這是方山易關於光明之象的獨到體會。在這個地方，並不是說真的月亮就跟太陽一樣明亮，只不過是說明白天和黑夜就是這麼一個自然交替的規律而已。

「寒往則暑來，暑往則寒來，寒暑相推而歲成焉。」一年四季輪迴，就是通過春夏秋冬的遞進、寒往暑來的變化形成的。這一切都是自自然然、現現成成的，我們還有什麼好思好慮的呢？我們面對每天的日升月落，面對四季的寒來暑往，只需要靜觀其變就行了。「萬物靜觀皆自得」嘛，只需要去欣賞它、體驗它、隨順它。我們人生有各種順逆境界，如果我們的心能夠從中跳出來，去作為旁觀者，靜觀我們人生的種種境遇，不管順境逆境，都是值得我們欣賞的。有一首禪詩寫道：

南台靜坐一爐香，終日凝然萬慮亡。
不是息心除妄想，只緣無事可思量。

　　一個高僧每天燒一炷香，然後靜坐在那兒，看上去是在禪修。人家問，你是不是在這裡靜坐禪修、掃除妄念啊？他說，哪有什麼妄念好掃啊！妄念嘛，既然是妄，那就是假的嘛！你去掃妄念不就把假的當真了嗎？所以，我老頭子實在沒有什麼事情好思量的，天下本無事啊！我們看孔夫子在這兒說的，與禪宗老和尚說的是一樣的啊！「天下何思何慮」，有什麼好思量的呢？一切都是自然的過程。

能屈能伸，順勢而為

　　「往者屈也，來者信也，屈信相感而利生焉」，屈指的是委屈、收斂、收藏，或者說隱藏。信，一般注解是伸展，其實也有守信之意。「往者屈也」，過去了的東西其實並不是就沒有了，而是隱藏起來了，就像一個東西屈成一團，收縮起來你找不到了。「來者信也」，未來對於我們而言，就像是一個本來就存在的東西，漸漸進入你的視野，在你的眼前伸展開來，有一種如約而至的感覺。另外，這個「信」也有蛇信之意，白蛇吐信，它吐出信子是在到處尋找、探尋未知的環境。「屈信相感而利生焉」，一件事情過去了，馬上新的事情又來到了，總是給人一屈一伸、一往一來的感覺。我們在生活中的體驗是不是如此啊？它跟前面的「日往則月來」、「寒往則暑來」是一個道理。

　　那麼，這一句裡關鍵的問題是什麼呢？就是「利生焉」。這個就涉及到人的願望了，人都需要從事物發展變化中認清利害關係。

　　我們想一下，世界上的事情，如果沒有屈伸的變化，會不會有利害關係？鐵板一塊就無利害可言了。正是因為有這種一屈一伸、一往一來的變化，那麼聰明人在中間，才找得到「利」，找得到可以利用的東西。世上的利和弊，都是成對出現的，我們怎樣趨利避凶呢？這就是你的智慧的問題了。不管是日往月來也好，寒來暑往也好，往屈來信也好，它在對立變化的過程中，都有一個勢。這個勢是往「屈」的方向發展，還是往「伸」的方向發展，你就要學會判斷，然後再把這個勢把握住。

我們看有些人，你能感覺到他永遠都是走在時代的前面，總是比別人要快半拍，總是可以得風氣之先。因此，無論做什麼他總能得利，總給人棋高一著的感覺。但是有一些人呢？任何事情都晚一拍半拍，總是處於跟風的狀態。現在流行說「炒股炒成股東，炒房炒成房東」，炒股炒房都晚了，都套在其中賣不出去了，這就要受制於人，會吃大虧。即使偶爾沒有吃虧，得利也不多，只得到一點人家尾巴上的利。所以，在這個屈伸之勢中，就是考驗我們智慧的地方。學習易道是要致用的，順勢而為，能屈能伸，就是「屈信相感而利生焉」。

「尺蠖之屈，以求信也；龍蛇之蟄，以存身也。」尺蠖大家都看見過，是一種毛蟲，之所以叫「尺蠖」這個怪名字，是古人要估測一個物體的長度，一般就張開姆指和食指，就這麼一卡、兩卡、三卡……這麼用手來量。尺蠖行走就是這麼一拱一拱的，就像我們用手指測量長度，就是這樣一卡一卡的，形狀如尺量物，所以就是尺蠖。

「尺蠖之屈，以求信也」，它之所以把背拱起來，是為了往前面走，為了伸展。「龍蛇之蟄，以存身也」，龍我們沒見過，蛇到了冬天要冬眠，它要蟄伏起來。蛇冬眠是為了保存身體，保存能量，等到驚蟄節一過，春雷一響，眠蛇就紛紛出洞，又充滿了令人畏懼的力量。

在當下一瞬神機妙用

「精義入神，以致用也」，這以後就是對前面比喻所下的結論。易道的精義必須要「入神」，要進入到我們的精神中來，要在自己的精神當中去體會。只有精義入了神以後，你才能夠把這些學問在現實生活中靈活運用，讓它成為我們在社會人事當中的好幫手、好參謀。當然，我們學習易道精義，目的性太強也不好，要自然而然地學習和運用，不然，就容易走入實用主義的誤區。

「利用安身，以崇德也」，利用，就是把「精義入神」之易道精神，在社會生活中運用，為了什麼呢？為了安身。所謂安身，實際就是安心，心安則身安。如果我們的心不安，身體橫豎你是安不了。按中醫的說法，心屬火，一個人內心不安，虛火就會上揚，身體也就會隨之不安。如果

我們的身心都得到了安寧，那麼內在的德性，就會一天比一天增長；我們的精神境界就會一天比一天高明。當然，這也不是說有意要去顯示崇高的德性，而是通過「精義入神」，通過「利用安身」，自然而然就使自己的德性崇高起來。前面講了「天下何思何慮」，這一切都是自然而然的過程，不需要我們窮折騰，不需要我們有意東想西想，不需要人為造作，只需要你把心放下來、安下來，就對了。

「過此以往，未之或知也；窮神知化，德之盛也。」這裡作者就說，超過了前面這些，那我就不曉得還有什麼更好的了。也許還有，但「未之或知也」，我就不知道了。

在方山易的原則中，有「易無不可知論」之說。易道，它是不承認有什麼不可知的東西的。為什麼呢？因為「易無思也，無為也，寂然不動，感而遂通天下之故」，易道是牢牢把握在當下，把握在現實。過去和未來，實際上都是在現實這個點上顯現出來、集中表現出來，所以，過去也永遠是現實，未來也永遠是現實。為什麼呢？過去的事情，它必然是從現在過去的，有了現在才能過去；未來的事情，也必然是現在的未來，永遠不能離開現在談未來。我在上一節課說話的時候，所說的每一句話都是在「當下」、在「現在」說的啊！但是，此時回頭去看上一節課講的話，它已經是過去了。過去了就不存在了嘛，未來還沒來，也不存在嘛，所以沒有過去，也沒有未來，永遠都是當下一瞬！

方山易之所以推崇「易無不可知論」，就是因為易道、易理的核心，是牢牢把握當下一念的狀態，所以《彖辭》裡面經常有某某卦之「時義大矣哉」一類的贊辭。所謂時義，就是當下的意義、現實意義，比如「解之時大矣哉」、「睽之時用大矣哉」等等。

當然，這裡一句「過此以往，未之或知也」，並不是說易道還有不知道的東西，而是作者自謙，哎呀，我前面說的那些東西，說到道法自然，就已經說到了極致了，再沒有什麼說頭了。如果你還想要什麼玄之又玄、妙之又妙的東西，那麼我告訴你，即使有我也不知道了。

下面一句，「窮神知化，德之盛也」。前面說到的這個「利用安身，以崇德也」，我們的德性一天一天崇高起來、盛大起來，那麼，要崇高到什麼程度呢？要盛大到什麼程度呢？那就是「窮神知化」。所謂窮神，就是對我們自己精神的認識，要達到一種極致，達到窮盡其源的地步。禪宗裡講參話頭，要把一句無義味的話參到它的「頭」上去，參到這個念

頭的起處、參到念頭最初生起的那個地方去。這個生起一切念頭、一切精神內容的地方，就是窮神之所！你能夠「窮神」，當然就能夠「知化」，那麼你的智慧就能夠達到一種化境。把這種非常高明、非常精妙的智慧境界彰顯在社會人事之中，這就是學易之人的盛德大業，也是學易者最高成就的體現。

困卦，君子以致命遂志

上面說了這麼多，都是由咸卦九四爻引申出了這麼一大番議論。我們再看下面一段：

易曰：「困于石，據於蒺藜，入于其宮，不見其妻，凶。」子曰：「非所困而困焉，名必辱。非所據而據焉，身必危。既辱且危，死期將至，妻其可得見邪。」

這裡所取的困卦六三爻象就很凶險了。剛才咸卦是感動，是少男少女要和合；但這裡講的就是擔枷戴鎖，回家看不見老婆了，很凶險啊！

 困卦

《困》：亨，貞大人吉，无咎。有言不信。

《彖》曰：困，剛揜也。險以說，困而不失其所，亨，其唯君子乎？貞大人吉，以剛中也。有言不信，尚口乃窮也。

《象》曰：澤无水，困。君子以致命遂志。

我們看困卦的卦辭：「困，亨，貞大人吉，无咎。有言不无信。」被困在那兒了，他還要亨通，這個就很不容易！困而能通的人，一定是了不起的人物啊。為什麼呢？「貞大人吉，无咎」嗎，是大人君子，處困之時才能夠通達吉祥，才能沒有過錯；如果是小人，那早就被困死了。「有言不信」，雖然你是一個大人君子，但是處困之時，走投無路，就沒有誰相信你的話了。所以在這個時候，一個大人君子就要少說話，要安時處順，對自己的命運無怨無悔。

「《彖》曰：困，剛揜也。險以說，困而不失其所，亨，其唯君子乎？貞大人吉，以剛中也。有言不信，尚口乃窮也。」在彖辭裡面就說了，什麼是困呢？就是「剛揜也」，揜通掩，就是說陽爻的陽剛之性被掩藏起來了。我們看不管是九二爻也好，九四、九五爻也好，它周圍都是被陰爻所包圍、所遮掩。「險以說，困而不失其所，亨」，困卦的下卦是坎卦，坎者險也，所以一般出現了坎卦，都要注意，它就是要翻坎，就會有危險。上卦是兌卦，兌為口、為悦，「險以說」，就好像你遇見很危險的狀況，還能夠笑一下，臉上還有笑容，就說明還沒有險到家，就說明你是「困而不失其所，亨」。你雖處困境，但方寸不亂，說明還有走得通的可能。為什麼呢？因為「不失其正位」，你還能夠處在正位之上。處困之時，只有大人君子才能不失其正位。如果是個卑鄙小人，不要說處於困境，哪怕是稍微有點風吹草動，他也會哭爹叫娘，跳樓跳河都有可能。

「貞大人吉，以剛中也。有言不信，尚口乃窮也」。身處困境之時，正是辨別是否大人君子的最好時候，所以彖辭說「貞大人吉」。大人君子遇見這個困卦之時，也會吉祥。為什麼呢？從卦象上面來看，「以剛中也」，不管是下卦的九二爻還是上卦的九五爻，上下卦之中都是陽爻，內外卦都體現出堅定不移的信念。但為什麼「有言不信」呢？我們想想，一個人處在孤立無援、四面皆困的時候，如果你還跟人家辯論，還想跟人家講理，想把人家說通了，那是徒費口舌的，所以是「尚口乃窮」。

「《象》曰：澤无水，困。君子以致命遂志。」困卦上兌下坎，兌為澤，坎為水，水在澤底之下，這個湖澤裡已經沒水了，所以是「澤无水，困」。在這種情況下，大象辭就給大人君子提出了一個要求：「以致命遂志」，就是要認命，要服從自己的命運，並且要完成、成就自己的志向。一個大人君子，無論是處在順逆境界當中，都能夠玉樹臨風，都能夠中流砥柱，那麼就是「致命遂志」。歷史上這種事情也很多，像文天祥、史可法這些「人生自古誰無死，留取丹心照汗青」的人物，都是屬於「君子以致命遂志」這一路數的人物。

我們來看《繫辭》所引困卦六三爻：「困于石，據於蒺藜，入于其宮，不見其妻，凶。」剛才我們說了「君子以致命遂志」、「貞大人吉」，困卦的精義，主要體現在九二爻上。九二爻以剛為中，有中正之氣，雖然被初六和六三所遮掩，但是它能夠在中間透出這種剛中之氣來。但是，這裡所引的六三爻，又可以說是困卦的主爻，因為六三爻最能夠體現困卦

的特點、最具有代表性。

「困于石」，前卦兌為金，錯卦為艮，艮為止、為石，所以前卦中隱伏著艮石，止不能行，故「困于石」。「據於蒺藜」，後卦坎有蒺藜之象，困卦之後卦為坎卦，乃是一個遍地蒺藜之地，處在前有巨石、後有蒺藜這樣一種狀況，當然就非常危險。「入于其宮，不見其妻，凶」，你想一下，一個人要是真的困在這個石頭陣裡出不來，同時腳下踩到的全都是鐵蒺藜，全都是刺，這個時候你還想要回家，想見到老婆，根本就是不可能的，所以是「不見其妻，凶」。

從另一個角度來看，困卦六三一動，變成陽爻，那麼它的之卦就成了大過卦。我們上一節課講過，大過為棺槨之卦，是死卦。所以從這個爻變當中，也體現出處困卦六三之時，是為大凶，誰要占到這一爻，差不多是「死貓眼睛定了」，基本沒得救了。

困境中的大人氣象

《繫辭》的作者引了這麼凶險的一爻出來，目的是什麼呢？子在這裡就曰了：「非所困而困焉，名必辱。非所據而據焉，身必危。既辱且危，死期將至，妻其可得見耶。」意思是一個君子本來是不該被困的，但是卻困住了，沒有辦法，那麼君子的名譽就必然要受損。蒺藜之地，本不應該作為你的立足之地，不應該作為你的依靠，但你卻去依靠它，把它當作自己的根據地，那你這個身心性命就非常危險了。

你的名譽一落千丈，性命也受到了最大的威脅，這個事情就太難辦了。名譽一落千丈，那就是沒有誰來救你了。如果名譽還在就好辦，名氣大的人蹲監獄都不吃虧，外面為你奔走相救的人可以說是不計其數。

以前俄羅斯有一個非常了不起的作家叫索爾仁尼琴（又譯：索忍尼辛），在前蘇聯時被流放，因為他寫了一部《古拉格群島》，後來得了諾貝爾文學獎，在國際上名聲非常大。當時西方的很多政要名流都給前蘇聯政府施加壓力，要求人道地對待這樣一位偉大的作家，最後前蘇聯被迫無奈，把索爾仁尼琴遣送出國了事。索爾仁尼琴在國外度過了幾十年時間。等到了前蘇聯解體，葉爾欽上臺之後，在社會各界的強烈呼籲下，

又把他從國外請回來定居，因為俄羅斯人民認為他是自己民族最偉大的作家之一，稱他為「俄羅斯的良心」。去年索爾仁尼琴去世，普京總統還親自去悼念、獻花圈，全世界的文化界都對他進行了隆重的追悼。

所以，一個人的名譽沒有受損，那就好辦，就像索爾仁尼琴一樣。如果大家都認為蹲監獄的這個小子是個惡人、壞蛋，即使你真正是一個君子、聖人，那也沒有誰來救你。所以，如果都到了「既辱且危」的地步，那就是「死期將至」，怎麼回家看得見老婆呢？

這裡就對真正的大人君子提了個醒，遇到了困卦這種情況，應該怎麼辦？困卦最精闢的立義，就是「困，亨，貞大人吉」。大象辭中進一步說：「君子以致命遂志」，大人君子，只有把心擺得很端正，遇見這種情況，才能夠順從於自己的命運，同時完成自己的孜孜以求道的志向，那就是亨，就能夠走通。至於小人，六三陰爻，有小人之象，如果是六三小人遇困，那當然就死定了。

當年馮老師在監獄裡面關了八年，抓進去之前，本光法師就給他打出了一個困卦。只有大人君子，處困之時才能夠不失其所，才能把一切順逆的命運都變成人生的財富。馮老師在監獄裡蹲了八年後出來，那個胸量境界就完全不一樣了，真正可以說在裡面閉關修行了八年。這不是開玩笑啊！真正有幾個人能夠如此？能把這種至難至困的大逆境，轉變成陶鑄自己精神品質的修煉場，最後走出一條光明大道來。這是要有何等的至剛至正之氣！今天，馮老師把我們的傳統文化，把我們的國學如此發揚光大，有了這麼大的成就，可以說也得益于當年那個大困境啊！

通過對這一卦的學習，我們大家要多留意一下，要學會舉一反三。《易經》六十四卦當中，凡是看起來不好的卦、不吉利的卦，我們都要仔細留意，要看一看它的《大象辭》是怎麼說的。這個是最重要的，也是易道的精要、最不可忽視的地方。

凡對於不利的情況，我們看《大象辭》中，給你講的都是君子自處之道。比如說困卦，《大象辭》裡面就說「君子以致命遂志」。如果遇到大過卦，剛才我們說了大過是棺槨之卦，是死卦，但是一個大人君子遇見了這個死卦該如何自處呢？《大象辭》就說「君子以獨立不懼，遯世无悶」，就是要有這種精神，我們才能在大過之時獨立於天地之間。再比如遇見蹇卦，蹇者艱難也，也是很困難的一個卦，但是蹇卦的《大象辭》說「君子以反身修德」，遇見艱難危險，我們不要想著向外去求什麼，而

是要反觀我們自己的內心，涵養我們的德行，正好通過外界的逆境來鍛鍊我們的精神品德。還有未濟卦，是六十四中最後一卦，火水未濟，都接濟不上了、行不通了，但是《大象辭》說「君子以慎，辨物居方」，既然處在未濟不通之時，做事情什麼都感覺到接濟不上了，那麼君子就應該謹慎行事，不要亂動，同時要「辨物居方」，要明辨是非、明辨事理，明瞭自己的所居之處，要在困難的時候把握好正確的方向，站穩腳跟。

上面就是告誡我們，在面對不利的局面時，一個大人君子應該怎麼做。所以，我們平時就要學習以大人君子的氣象，來面對人生的順逆境界。大家下來玩易，平時觀象玩辭，不要只看好卦，打一個好卦出來你就笑歡了，打一個不好的卦就垂頭喪氣、一臉漆黑。這就不得易道的精神要領。

解卦，藏器待時而動

上一次在《繫辭下傳》的第五章中，我們講了兩個卦，一個是困卦，還有一個是咸卦。我們前面講了不少易理方面的知識，通過講卦，大家可以把易理跟實際的卦象結合起來。學易經打卦很容易的，自己拿幾個銅錢搖一搖扔出去就行了，很簡單，但是解卦就不容易了。你打出來一個卦以後，你要正確理解這個卦背後包含的意義，它對你有哪些指導作用？這就需要下功夫把易理融進去。

我們今天繼續往下講第五章。我們看原文：

易曰：「公用射隼于高墉之上，獲之，无不利。」子曰：「隼者，禽也；弓矢者，器也；射之者，人也。君子藏器于身，待時而動，何不利之有？動而不括，是以出而有獲，語成器而動者也。」

我們在《繫辭上傳》第八章中，講了解卦的卦辭、彖辭、象辭，也講了六二爻辭：「負且乘，致寇至」。這裡「公用射隼于高墉之上，獲之，无不利」，是解卦上六爻的爻辭。大家可以把前面《繫辭上傳》講的解卦參考一下，這裡只是對解卦上六爻的爻辭跟大家談一談。

「公用射隼于高墉之上」，首先這個「高墉」是指什麼呢？它指過去

古代皇宮的高牆；而隼呢，它是一種猛禽，俗稱鶻子，類似於老鷹一類，但是身材比老鷹略小一點。這種猛禽個子不大，但速度極快，是鳥類中短距離衝刺飛行的冠軍，跟非洲獵豹在哺乳動物中的地位相當。我讀初中的時候，家裡就養著一棚信鴿，最害怕的就是這個東西。每天早晨打開鴿棚放鴿子之前，先要四面觀察清楚，尤其是到了冬天，有時候還要先放幾響鞭炮再把鴿子放出來。為什麼呢？要放鞭炮先把可能藏在高處的鶻子嚇跑。在城市裡，鶻子往往站在一個很高很高的樓頂上，或者電視塔的頂上，一旦底下有鴿子飛出來，它只需要從上往下這麼一俯衝，剎那之間，鴿子十有八九就遭殃了。

所以，隼是一種害鳥。它喜歡歇在高墉之上，歇在皇宮的高牆之上。為什麼呢？就是尋求保護嘛！實際上它是一個比喻，在國家政權的核心機構裡面，在最高層，在君王的身邊出現了害群之馬，就可以說是「隼棲于高墉之上」。

從歷史的經驗看，皇宮裡面出了問題，尤其是皇親國戚，特別是外戚專權，那就是非常糟糕的事。皇后的親戚中出現了問題，哪個敢去動他啊？因為有皇宮的高牆保護嘛。像西漢末年的王莽，就是外戚獨攬大權，把天下大權都奪了，最後還是光武帝劉秀起兵，才重新奪回漢家的天下，建立了東漢。所以西漢與東漢之間的政權交替，出現了那麼大的亂子，就是因為外戚專權。還有啊，在明朝的時候，魏忠賢的閹黨亂政，也可以比喻成「隼棲于高墉之上」。閹黨亂政，明朝由此走向衰亡，大批忠直之士被魏忠賢殺掉，卻沒有人能夠動得了他。為什麼呢？因為他「棲于高墉之上」，有皇帝庇護著，朝中大臣投鼠忌器，只得眼睜睜看著魏閹做大，最後不可收拾啊！以我們經歷過的時代，四人幫的時候也是如此。江青的位置特殊，沒有誰敢動，如果不是毛去世了的話，當時誰動得了她啊？！

我們看中國的歷朝歷代，都會出現這些事兒。所以解卦的象辭上就說：「解之時大矣哉！」解卦對於每一個時代來說，它的現實意義都是非常重大的，並不是只在古代歷史上才會有這些事情發生。

「公用射隼于高墉之上」，公，當然指的是位居三公之高位者，即真正的國家重臣、德高望重的國之元勳。就像當年的葉帥這些人物，要想粉碎四人幫，只有他們有這種能力，有這種功夫，也有這種德望。所以「公用射隼于高墉之上，獲之，无不利」。只有无這樣的人，才能夠有本

事解決這個棘手的大問題。解決了這個大問題，那麼不僅對個人來說，就是對天下百姓來說，也都是非常有利的。

口袋裡藏著金剛鑽

下面就是子曰了：「隼者，禽也；弓矢者，器也；射之者，人也。君子藏器于身，待時而動，何不利之有？」這兩句比較重要。「君子藏器于身」，器是指的利器，本義指弓矢，這裡引申為治國安邦的能力、本事。

君子要治國安邦，懲惡揚善，必須要有真本事才行。你光學了一肚子之乎者也，到時候也沒什麼用處。所以，在明、清之際的一批知識份子，就批判東林黨人、批判明代的那類儒士們，說這些人是「平時靜坐談心性，臨危一死報君王」。好像大家的道德修養水準都很高，理論水準也了不起，講起道來是玄之又玄，妙之又妙，但是真有大事發生了呢？那就只有「臨危一死報君王」，到了國家危急的時候，你沒有辦法站出來作為中流砥柱，沒有辦法站出來挽救大廈之將傾，你只能「臨危一死」。雖然這也不錯，表現出了一個君子的節氣，但死得冤啊！仁人君子不死多好啊！仁人君子能夠力挽狂瀾多好啊！所以，君子要藏器於身，才有行仁義之道的力量。

其實，作為一般人也經常是要有點「藏器於身」的感覺心頭才安穩。前個星期看電視，偶然看到書院的心理姐姐在電視裡做一個娃娃的心理輔導。這個娃娃很可憐啊！他媽媽好像不在了，父親有點神經病，在娃娃睡覺的時候莫名其妙就把他的生殖器割掉了。這個娃娃一直在醫院住著，心理上就受到了極其嚴重的摧殘。他很可憐，不跟人說話，內心都很閉塞，對外界充滿了敵意。心理姐姐很有親和力的，她過去跟這個娃娃聊天，慢慢取得了他的信任。這個娃娃拉著她說，來，我給你看我藏的一些寶貝。只見他從口袋裡面先取出來一個雙截棍，說是他用自己的東西跟人換的。心理姐姐問，你要雙截棍幹什麼呢？他說防身用的！然後又取出一把小刀，也是防身的。後來還取出一些東西，總之，都是可以在關鍵時刻可以保護他的東西。最後，他好不容易從裡面拿出一本書來，結果一看，這本書竟然是《三十六計》，他說要是全部學會這上面的

計就好了。總的說來,他受了這麼大的打擊,受了這麼大的傷害,沒有辦法依靠別人時就只有依靠自己,所以他這也是藏器於身。

當然,像解卦上六爻辭裡面說的,如果是地位很高的人要想力挽狂瀾,那麼你藏的器,就不光是一點點刀槍棍棒之類的東西,你必須要胸藏韜略,要對天下大事有真正的韜略才行。所以「君子藏器于身」,我們不能學成一介腐儒,要學出一身真本事才行。

「動而不括,是以出而有獲,語成器而動者也」,不括,是指沒有障礙,沒有阻礙。如果一個大人君子真正很有本事,一旦時機來臨,該出手時就出手,就不會投鼠忌器。所以,真正是有這種大胸量、大抱負的人,他是不會有什麼心理負擔的,他不會在關鍵時刻左右搖擺。「動而不括」,他一旦行動起來,就沒有什麼能夠阻擋阻攔他。「語成器而動者也」,成器,就是現成的兵器、現成的武器、現成的功夫。語,是語氣助詞,就是我們前面說了這麼多,應該是「成器而動」才對,要有現成的武器、現成的功夫才能動。不是說等到你要用的時候,才病急亂投醫,臨時抱佛腳,那樣就不行了。

君子藏器于身,平時就要多多修煉、多做準備,一旦機會成熟了,隨手拿出來用就是了。所以,我們做事要見機而行,不發則已,一發必須要中的,不然的話,就會陷入非常危險的境地。

噬嗑卦,雷電合而章

再看下面一段。這裡《繫辭》的作者換了一個手法。我們看前面講卦,都是先把這個卦引出來,然後才「子曰」一番,才引申議論一番。這裡是先把「子曰」拿出來,先把結論說了,然後再把易卦裡面的爻辭拿出來,證明這個結論是對的。

子曰:「小人不恥不仁,不畏不義,不見利不勸,不威不懲。小懲而大誡,此小人之福也。」易曰:「履校滅趾,无咎。」此之謂也。善不積不足以成名,惡不積不足以滅身。小人以小善為无益而弗為也,以小惡為无傷而弗去也,故惡積而不可掩,罪大而不可解。易曰:「何校滅耳,凶。」

這一段講的是噬嗑卦，下面我們先具體來看一看噬嗑卦的內容是什麼。

 噬嗑卦

《噬嗑》，亨，利用獄。

《彖》曰：頤中有物曰噬嗑，噬嗑而亨。剛柔分，動而明，雷電合而章。柔得中而上行，雖不當位，利用獄也。

《象》曰：雷電噬嗑，先王以明罰敕法。

火雷噬嗑，上為離卦，下為震卦。噬嗑卦辭是「亨，利用獄」。亨就是亨通；利用獄，有利於君子判案斷獄，所以這個卦又可視為刑獄之卦。鐘律師要注意哦，你們在司法界、律師行的人就要好好學習這一卦。為什麼呢？因為它主要是講君子如何判斷案情、掌握刑獄的。

我們看它的《彖辭》是如何解釋的呢？「頤中有物曰噬嗑」，頤，就是我們的嘴巴、腮幫子。嘴巴裡面有吃的東西，就要用牙咬嘛，牙齒咬下來是噬，上下齶合起來是嗑。噬嗑就是這個意思。這裡把噬嗑引申為斷，因為有個東西在我們嘴巴裡要咬斷，所以斷案的斷，也是從這裡來的。為什麼說這個卦代表「頤中有物」呢？實際上，這個卦象本身看起來，就像嘴巴裡面含了一個東西。我們看這個初爻，像不像我們的下嘴唇？那麼上爻呢，就代表我們的上嘴唇，六二、六三、六五陰爻，就像是牙齒和舌頭，中間的九四陽爻，就是嘴裡要咬的東西。所以從取象類比的角度來看，這個噬嗑卦的確很像「頤中有物」。「噬嗑而亨」，吃的東西都送到你的嘴裡了，你只需要嘴巴一合就完事。如果到嘴的食物都咬不下、吃不了，那就說明你這個人太沒本事了。所以，凡是吃進嘴裡面的東西，那非得一口咬斷不可，這樣就能夠亨通，能夠解決問題。

「剛柔分，動而明，雷電合而章」，這一句是講的上下卦之間的關係，以及各爻之間的關係。下卦為震卦，是陽卦，故稱之為剛；上卦是離卦，離卦為陰，所以稱之為柔。上下卦之間可以說是「剛柔分」，同時你看上中下三根陽爻，中間被陰爻隔開，所以在爻位上，噬嗑卦也是「剛柔分」。那麼「動而明」呢？下卦為震，震者動也，下卦一動一震，你的牙齒一合，也有震動之義；上卦為離，離為火為明，所以你兩個牙齒一動，一

下子就把事情幹乾脆脆、明明白白地了斷了、解決了。「雷電合而章」，震為雷，離為電，雷鳴電閃的一刹那，就是「雷電合而章」，章者顯明也，什麼東西都看清楚了。閃電劃破黑暗了，你就什麼東西都看清楚了；緊跟著雷霆下來，那就是一擊而中，不會有誤。這是比喻君子斷獄時精確無誤、雷厲風行的作風。

「柔得中而上行，雖不當位，利用獄也」，得上下卦之中者，就是六二爻和六五爻，都是陰爻，所以是「柔得中而上行」，它是從下往上，先震，震而後明。我們看六五爻是陰爻，陰爻居陽位，所以是「不當位」。「雖不當位，利用獄也」。雖然六五爻不當位，但是因為噬嗑的整個卦象，對於明斷是非、辨別真偽是很有利的。作法官、律師的人，如果辦案子的時候找到了噬嗑卦的感覺，那是一定相當的受用。

「《象》曰，雷電噬嗑，先王以明罰敕法」，雷電噬嗑之卦，體現了古代創立刑律的先聖君王們，他們在量刑處罰的時候，如同雷鳴電閃一般迅速、嚴厲、準確。

懲小誡大的用心

大家對噬嗑卦有了一個整體認識之後，再來看《繫辭》這裡的引文：「易曰：履校滅趾，无咎」，就比較好理解了。

這是噬嗑卦初九的爻辭。「履校滅趾，无咎」，這是什麼意思呢？從整個卦象上來看，初九爻是剛而無位，陽爻就很剛強嘛，但是它處於最低位置，所以是剛而無位。這是比喻一個無位之下人，其性格卻很剛強、頑固，絕非善良之輩。那麼這樣的人，就有犯刑戴鐐之象。在這樣的情況下，作為噬嗑卦之主，也就是主刑君子，對於這樣的人，就要懲戒其於為惡之初，在他剛剛有點犯罪苗頭冒出來的時候，就要對他進行堅決懲戒，使他不能繼續作惡。「履校滅趾」，履是動詞，指拖曳；校就是刑具。履校滅趾，就是一個人腳上拖著個刑具，把腳趾頭都蓋住了。无咎，為什麼无咎呢？因為這是個小事情，剛剛只帶了個腳鐐，不是犯大罪，所以沒有什麼大問題。

下一句「子曰：小人不恥不仁，不畏不義，不見利不勸，不威不懲。

小懲而大誡，此小人之福也。」就是對噬嗑卦初九爻辭而作的引申和發揮。

所謂小人，並不是真正的壞人，而是指一般自私自利，同時又沒有頭腦，喜歡跟風攛趄子這些人。你不能說他是壞人，但是可以說他是小人。看這個房地產業熱起來，有利可圖了，亂哄哄地都跟著去買房子；股票熱起來了，又亂哄哄一窩蜂跟著去買股票。當然現在的國學熱起來了，很多人又一窩蜂去攛國學，當然，學國學是個好事情，這個風是跟對了。為什麼呢？因為通過對國學的學習，你能夠由小進大啊，可以由一個小人慢慢變成一個大人。但是你跟其它追逐利益的風，未必就能如此。小人，實際上就是指一般缺乏信念、唯利是圖的普通人。為什麼現在小人那麼多？理性一些來看，跟這個時代的風氣有很大的關係。古人說「笑貧不笑娼」，那是對一個社會很嚴屬的批判，現在的社會風氣就有這種感覺啊！大家都不去管禮義廉恥這些事了，為了財色、為了利益，什麼弄虛作假的事都敢做。這些就是小人的所作所為。

在這裡，《繫辭》作者就借孔夫子之口，對小人的形象進行了一個生動的描畫，把小人的嘴臉全都畫出來了。「小人不恥不仁，不畏不義，不見利不勸，不威不懲」，這些句子很直白，好像大家一張口，這幾句也就這麼念過去了，但仔細分析起來，就有點觸目驚心了。

「不恥不仁」，小人對於「不仁」這樣的惡劣品行，那是沒有羞恥感的。仁者愛人嘛，不仁，就是沒有同情心，失去了慈悲憐憫之心，那是很危險的。我們看魯迅的小說，他寫當時的情況，普通的老百姓喜歡看殺人，大家圍在刑場上，脖子都伸到最長，像鴨子一樣伸長脖子圍在那裡，看日本兵殺自己的同胞。所以魯迅很悲哀，他看到這些現象，就覺得是國民性出了問題，所以是「哀其不幸，怒其不爭」。這些人真是很悲哀，他們本身就是不幸的人，但是他們又不爭氣。在《藥》這篇小說裡面，大家也都看到過，老百姓為了治自己家裡頭娃娃的癆病，就拿著碗跑到刑場上去等砍頭。犯人的腦袋剛剛一砍下來，血直冒，他就拿著饅頭去蘸，蘸了回去給娃娃吃，說能治病。他就不知道被砍頭的是革命者，是為了老百姓不再受苦，為了幫助老百姓過上好日子，為了推翻壓榨老百姓的殘暴政府、殘酷制度才被砍頭的！

所以，「不恥不仁」這幾句，讀起來確實很平淡就過去了，但如果真正是仔細分析起來，仔細把中國歷史上的事情和文學作品中描寫的情節

拿來對照，確實是觸目驚心的事情！如果社會普遍對「不恥不仁」這樣的事漠視乃至放縱的話，確實就非常危險了。

「不畏不義」，同樣也是如此。小人對於不義這樣的事情，他是不會畏懼的。不義實際上很可怕啊！對於古人來說，如果遇到不義的時代，那命運就會非常悲慘！所以，中國的傳統就是要提倡見義勇為，真正遇到事情要有義不容辭的信念。古代對見義勇為的人，都稱之為「義士」，這是很尊敬的稱謂了。

不義的可怕之處

前兩天在網上偶然看到一首詩，語言很直白，但令人非常震撼。我當時就想著抄下來上課時給大家念一念，是美國波士頓猶太人大屠殺紀念碑上的一個碑文，是一個教士寫的一首詩：

起初，他們追殺共產黨人時我沒有作聲，因為我不是共產黨人；
接著，他們屠殺猶太人時我沒有作聲，因為我不是猶太人；
後來，他們屠殺天主教徒時我沒有作聲，因為我是新教徒；
最後，他們直奔我而來，然而已經沒有人能站起來說話了！

這就是不義的可怕之處！所以，古人對不義的後果是看得非常清楚的，天道好還，對別人的不義，最終結果一定會還到自己頭上來的。小人當然是「不畏不義」，對於不義這樣可怕的事情，小人一點都不會害怕。

「不見利不勸」，這一點大家可能也都有體會，讓有些人去做一件好事情，做一件仁義之事，那是不行的。憑啥讓我去做哇？仁義賣好多錢一斤？他非要講好條件才行。非要讓他做，那也要用利益來相誘勸，讓他覺得有利可圖才會去做。我記得當年在單位上班的時候，每年春天到了要去植樹，是義務植樹節，但是沒有哪個願意去。但這個是要完成任務，上面要檢查的啊，最後單位就說，凡是去植樹的人，每人發補貼多少多少。說實話，有的人雖然到郊外植樹去了，但老是動口不動手，還滿口嘟噥，哼，這點補貼不夠我打牌點上一炮的！

這也是當今社會一個普遍的現象。「不見利不勸」，這是小人的特點

啊！現在國學熱了，有些地方政府也號召公務員們加強學習，但很多時候也是以利相勸，以檢查、考評，或是與政績掛鉤來督辦。這也是無可奈何之舉啊！面對大多數「不見利不勸」的小人，只有先以利相勸才行。這就有點像佛教裡說的，菩薩對凡夫眾生是「先以欲勾牽，後令入佛智」，先讓你嘗到點甜頭、給你點好處，最後逐漸把你引入到佛法正道上面去。

下面，孔夫子對小人的最後一個特點進行了總結，那就是「不威不懲」，就是我們一般人說的「不見棺材不掉淚」。你給他說貪污腐敗這個事情做不得，要雙規，要坐牢，但是他偏要去做。為什麼呢？因為「不威不懲」嗎，他必須要等到哪一天事情發了，哪一天真正是銀鐺入獄，這個時候感覺到了法律的威嚴，這個時候才會後悔：「哎呀！請求寬大處理我吧，我以後再也不敢做這些事情了！」但是，悔之晚矣！大多數貪腐官員都是如此嘴臉。早知如此，何必當初！

我們通過這幾句來看，孔夫子對人性看得是非常之深刻、非常之準確！即使到了現在，兩千多年以前說的話，現代人基本沒幾個能逃得出這幾句話的。所以，孔夫子對這個噬嗑卦理解得很深啊！這幾個斷語下得非常堅決，天下人就是如此。如果對小人的這些毛病不加以懲戒、不加以約束，那麼小毛病肯定就會變大。小人本來還不是壞人，如果一放縱，逐漸就會變成壞人。

勿以惡小而為之

所以下面的句子說：「善不積不足以成名，惡不積不足以滅身。小人以小善為无益而弗為也，以小惡為无傷而弗去也，故惡積而不可掩，罪大而不可解。」易曰：「何校滅耳，凶。」

這些道理都非常簡單，就是讓人積善，不要積惡。我們不管從歷史的經驗上看，還是從現實的經驗上看，這都是千古不變的真理。商紂王作為歷史上最著名的暴君，也是最讓人痛恨的暴君，但是他剛剛繼位的時候並不是如此啊！據史書上記載，商紂王是「資辨捷疾，聞見甚敏。材力過人，手格猛獸。知足以拒諫，言足以飾非」。他很厲害啊，文武雙全，非常之聰明，下面的大臣要動什麼心思，他可以說是明察秋毫，看

得清清楚楚。哪個要想給他進諫一下啊,你剛剛說了前一句,他馬上曉得你後面要說啥了,「知足以拒諫」嘛,他把智慧都用來拒絕人家的諫議;「言足以飾非」,他伶俐的口才都用在掩飾自己的錯誤上了。

紂王剛剛繼位的時候,大家覺得他是個全才,很有氣象,感覺這樣的人物還能夠做出一番事業。但是,朝中有一個著名的賢臣叫做箕子,他就發現一個問題。因為商紂王特別喜歡一雙象牙筷子,箕子就給商紂王進諫,說象牙筷子雖小,但是你想一下,你如果喜歡用象牙筷子,那麼還會不會用土巴碗?還會不會用陶瓷碗?肯定就不會!你必須要用金碗、玉碗才能跟象牙筷子相配。你用金碗、玉碗、象牙筷子,傢俱也得配套啊,肯定不能用普通膠合板傢俱,必須要用最珍貴的紅木、金絲楠木這些傢俱;還有你住的房子呢?必須要住富麗華貴的宮殿,宮殿裡面得有天下最資格的美女……完啦!就這麼一雙象牙筷子,逐漸就會變得欲壑難填,最後要收集天下奇珍異寶,都填不滿自己的貪欲。商紂王當然不聽勸告,結果沿著箕子擔心的這條路一路狂奔,搞了臭名昭著的酒池肉林,最後導致歷時五百多年的商朝亡國。

所以從歷史上來看,確實是「善不積不足以成名,惡不積不足以滅身」,最後才會造成「何校滅耳」之凶。箕子很了不起啊!就是從一雙象牙筷子上,看到了整個商朝的結局。當然箕子也很慘,做亡國之際的忠臣都很慘,他被商紂王迫害,淪為奴隸,直到周武王伐紂,才重見天日。

居安思危,存亡之道

我們再看下面一段,這又是講另外一個卦了。

子曰:「危者,安其位者也;亡者,保其存者也;亂者,有其治者也。是故君子安而不忘危,存而不忘亡,治而不忘亂,是以身安而國家可保也。」易曰:「其亡其亡,繫于苞桑。」

這一卦主要是講的安危、存亡、治亂之道。按古書上對這一段的注解,安危指身,指我們個人的安危;存亡指家,指的是家族的存亡;治亂指國,指的是國家社會的大治與動盪。「危者,安其位者也」,一個人

之所以有危險,是因為他總是自以為自己的位置很安全、很安穩。「亡者,保其存者也」,一個家族之所以會衰亡,是因為這個家族的人總是自以為福澤綿長、永不衰亡。像過去的皇帝,讓大家稱他萬歲萬歲萬萬歲,都想長生不老,但是可不可能?根本就不可能。一個皇帝開國以後,自己這個皇位想傳給兒子,再傳孫子,再子子孫孫,永無窮盡。

秦始皇統一了天下以後,認為自己是德兼三皇,功蓋五帝,過去所謂三皇五帝這些聖王都沒有自己的德行高、功業大,自己是最了不起的,所以他把「皇」、「帝」兩個字合在一起,一個人就把三皇五帝全部蓋了。他自己稱謂自己是始皇帝,中國第一個皇帝,但他就沒有想到他很快會死。他往下傳位,也不像過去那樣封什麼號,就一二三四往下排就對了,我是始皇帝,那麼下一代就是二世皇帝,再下一代,三世、四世、五世,乃至萬世無窮。秦始皇就是做的這個夢,但實際上呢,秦朝二世而亡,最短命!所以你要想做萬世的夢,那麼滅亡往往也因此而產生。

還有一個例子,唐朝玄宗皇帝在位的時候,開始把國家治理得非常好,整個唐朝達到了頂峰,稱之為開元盛世。後來杜甫有一首詩叫《憶昔》,對那一段時期描述得非常到位:

憶昔開元全盛日,小邑猶藏萬家室。
稻米流脂粟米白,公私倉廩俱豐實。
九州道路無豺虎,遠行不勞吉日出。
齊紈魯縞車班班,男耕女桑不相失。
宮中聖人奏雲門,天下朋友皆膠漆。
百餘年間未災變,叔孫禮樂蕭何律。
豈聞一絹直萬錢,有田種穀今流血。
洛陽宮殿燒焚盡,宗廟新除狐兔穴。
傷心不忍問耆舊,復恐初從亂離說。
小臣魯鈍無所能,朝廷記識蒙祿秩。
周宣中興望我皇,灑血江漢身衰疾。

這首詩的前面一半句子就是描寫開元盛世的。那個時候國家好富有啊!哪怕是一個很小的縣城,人口都有上萬家之多。不管是公家的倉庫也好,還是私人的糧倉也好,也都是堆得滿滿的。大家出行也很方便啊,

「九州道路無豺虎」，過去你要想出門，都很害怕路上的強盜，當然走山路的話，豺狼虎豹之類的野獸也是要防備的。在開元盛世的時候，大家要出遠門，過去是要測吉日，要打卦，看看出行利不利。開元盛世的時候用不著，你出去就對了，保證很安全，比現在還太平，想到哪裡去就到哪裡去。總之，開元盛世的時候就是這樣一種感覺。

但是很快，同樣在唐玄宗手上，就是因為開元盛世，他覺得天下已經大治了，沒有啥問題了，結果寵信楊貴妃，寵信奸臣外戚，釀成了安史之亂，從此唐朝走向衰敗。

在安史之亂時，杜甫也寫了一首詩，他準備從甘肅同穀縣入蜀，那就跟開元盛世的感覺完全是兩回事了。《三絕句》之二是這樣寫的：

> 二十一家同入蜀，惟殘一人出駱谷。
> 自說二女齧臂時，回頭卻向秦雲哭。

因為中原戰亂，老百姓日子過不下去了，當時四川還好一點，於是二十一家人約好一起結伴到四川來避亂。「二十一家同入蜀，惟殘一人出駱谷」，出發時是二十一家人，走出駱谷的時候，卻只有一個人！駱谷，就是儻駱道沿線，這條道路是當時翻越秦嶺，通往中原的主道之一。杜甫這首詩說只有一個人走出了駱谷，離開了中原戰亂之地。後面兩句寫得也很淒慘，自己走出駱谷脫險以後，遇到一個當地人，就跟人家說，哎呀！怎麼辦啊，我跟我兩個女兒也失散了。齧臂嘛，手臂緊扣著手臂，硬生生地拉開的感覺！秦嶺上面雲堆霧繞，回頭一看雲橫秦嶺之上，人的眼淚就下來了，那是非常慘！

這就是從治亂的角度來說的，天下大治雖然好，但未必就能長久啊！往往大治之後，也會有大亂。所以對於一個國家的領導人來說，這幾句話是有警示作用的。《繫辭》這裡說「君子安而不忘危，存而不忘亡，治而不忘亂」。只有這樣時時不忘，隨時警惕，才能夠身安國治，持盈保泰。

否卦，天地不交之時

下面，作者就用否卦的九五爻，來為上面的分析作證明。

 否卦

《否》：否之匪人，不利君子貞，大往小來。

《彖》曰：否之匪人，不利君子貞，大往小來。則是天地不交，而萬物不通也；上下不交，而天下無邦也；內陰而外陽，內柔而外剛，內小人而外君子，小人道長，君子道消也。

《象》曰：天地不交，否。君子以儉德辟難，不可榮以祿。

否卦，上乾下坤，天地否，你理解成否定的否也可以，否者，非也，所以這是否定之卦。但是，上為天、下為地，本來天地之位就是這樣的嘛，為什麼是否呢？反過來看，地在上、天在下，跟我們的經驗相反，為什麼又是泰卦呢？所以，這就涉及易經當中的一個原則。乾、坤實際上代表陽陰二氣、剛柔二氣，二氣要相交、相互呼應才好。陽氣的特點是上升，陰氣的特點是下降。地天泰，陰氣在上，陽氣在下，一升一降正好相交，所以因天地相交而泰。而否卦正好相反，陽陰二氣各自上下，不能相交，就不能泰，陰陰二氣不交，當然就是否。

「否之匪人，不利君子貞，大往小來。」凡人處於否卦之時，當然就不得時，所以稱為「匪人」。匪者非也，像這樣的「匪人」當道，這個道肯定就不能行。從社會人事的角度上來說，為什麼社會治理不好？為什麼君臣上下不能夠溝通？為什麼民間疾苦不能上達於朝？皇帝是皇帝，臣子是臣子，百姓是百姓，互相之間沒有任何互動交流，最高領導也不下來微服私訪，這是為什麼呢？中間一定出了問題，肯定是「匪人」當道，皇帝不像皇帝、臣民不像臣民，所以是「否之匪人，不利君子貞」。如果是一個正人君子處在否卦之時，你想有所抱負，想為國為民做出一番事業來，就非常之難。「不利君子貞」嘛，為啥呢？因為「大往小來」之故。

對於「大往小來」，我們手上這本書的注解說「上乾往下，下坤往上」，這是膚淺之論，實際上，對卦辭的正解還是要看彖辭。「否之匪人，不利君子貞，大往小來」，為什麼？彖辭說「則是天地不交，而萬物不通也」，說得很清楚。我們看一年四季之所以有條不紊，就是因為天地之間、陰陰二氣的正常交流才產生四季通泰的感覺。如果是天地不通、陽陰二氣

不交，那麼在氣候上就會出現異常的變化。

落實到社會人事上來說，「上下不交，而天下無邦也。」如果上下不交，君王不與臣民交流、中央不跟地方交流，那就會亂套，國家就會陷入一種很混亂的狀態，就是「天下無邦」。我們看現在有些當領導的，成天高高在上，從不跟下層人員進行交流，甚至連自己的員工都不認識，這樣「匪人」當道，怎麼可能把事業搞好呢？

下面說「內陰而外陽，內柔而外剛，內小人而外君子，小人道長，君子道消也。」這是把否卦的卦德具體落實到精神層面上。一個人如果內心陰鬱沉重，但是外表好像很積極、很陽光，實際上這就是很虛偽的人。「內柔而外剛」，如果一個人的性格優柔寡斷，飄忽不定，但外表又處處顯出一副果斷剛強的樣子，跟這種人打交道也很麻煩。「內小人而外君子」，遇到這種人，你最好也敬而遠之，不然，有的是苦頭吃。這幾句話都是在描述「否之匪人」所體現出來的種種精神狀態。「小人道長，君子道消也」，在這種否卦當令的時候，就是小人得志，君子不得志的時候。面對這個局面，有抱負的仁人君子就應該把自己「兼濟天下」的理想暫時收藏起來，要作好「獨善其身」的準備了。

再來看大象辭：「天地不交，否；君子以儉德辟難，不可容以祿」。這裡說得很清楚了，遇到天地不交的時候，一個真正有修養、有智慧、有德行的君子，就應該以簡樸、節儉的行為態度，來躲避時世的艱難，以蓄養自己的德行。這個時候，千萬不可以去逞強好勝，不要去名利場上混、去官場領那份衣祿。這個時候你最需要的是「潛龍勿用」，不要亂當出頭鳥，最需要的是「以儉德辟難」，退後一步天地闊。

先天下之憂而憂

上面是對否卦的基本解釋。這個地方引出了否卦的九五爻：「休否，大人吉。其亡其亡，繫于苞桑。」九五爻一動，陽動則陰生，陰動則陽生，否卦就變化成了火地晉卦。晉卦，明處於地上，上卦為離、為火、為明，明處於地上，所以晉卦的大象辭是「君子以自昭明德」，自己內心會變得很明亮，能夠關照、能夠警惕，跟否卦九五爻的爻辭是很相近的。

因為否卦處九五之時，陽爻一動變為陰爻，成了離卦之後，天地之否的這個勢態就得到終止，所以是「休否，大人吉」，休息了，終止了，這個「否」的勢態結束了，大人君子就處於吉祥之地。這個時候，該出手時就出手，正是大人君子重頭收拾舊河山的時候了。

「其亡其亡，繫于苞桑」，意思是危險啊、危險！就好像是一個很重要、很貴重的東西，綁在苞桑的細枝條上。有過農村經驗的朋友就知道，桑樹發芽以後，枝條很細很長，非常脆弱。這裡說把很貴重的東西綁在桑樹新發的細枝條上，的確很危險。前面之所以說「休否，大人吉」，就是因為真正的大人君子，他隨時都在警惕這種「繫于苞桑」的危險性。即使是處於太平盛世的時候，對於安危、存亡、治亂之道，都要非常小心謹慎，隨時要考慮到未來的變數，考慮到危險性的存在。

另外，「其亡其亡，繫于苞桑」也提醒人們，在重大的事情上面，在國之大事上面，不能隨便把它繫于苞桑之上！國家大事不能隨便委託在小人身上，一定要找到名符其實、可以重托的大人君子才行。

上面是我們從否卦九五爻中，引申出來關於安危、存亡、治亂的一套論述。

鼎卦，君子以正位凝命

我們再看下面一段，這是講鼎卦。

子曰：「德薄而位尊，知小而謀大，力少而任重，鮮不及矣。」易曰：「鼎折足，覆公餗，其形渥，凶。」言不勝其任也。

鼎卦是一個非常好的卦，鼎在中國政治文化中，本身就是一個意義非常重大的器物。我有一個做青銅器的朋友，外號胡青銅，他仿製了很多青銅鼎，生意非常好，發了大財。他賣得最好的一個鼎，名字叫做「和諧之鼎」，很多當領導的都喜歡。為什麼青銅鼎這麼受人歡迎？確實有其歷史原因。

相傳大禹治水成功以後，舜帝把天子之位禪讓給了大禹。大禹即位之後，「劃天下為九州」，把整個中國劃成了九個大塊；「集九州之美銅」，

把天下最好的銅集中起來，鑄造了九個青銅大鼎。鑄青銅大鼎做什麼呢？是為了「鼎定九州」。在中國歷史上，鼎就具有這種安定天下的象徵意義。因為鼎是國之重器，而且非常方正，至正至重，所以古代稱九鼎為「天下九州，凝命之所在」，九州的命運都是凝固在九鼎上面的。古書上說「逐鹿問鼎」，實際上就是征戰群雄、奪取天下的代名詞。

九鼎從大禹那兒一代代傳承下來，經過夏、商兩代，到了周成王的時候，就把九鼎從商都遷到了洛陽。當時宮廷的巫師因為九鼎搬遷成功，專門卜了一卦，說周朝將繼三十世，歷七百年。而事實上到了秦國統一中國，廢掉了最後一個周天子的時候，周朝是傳了三十七代，時間是八百多年。從中國歷史上來看，周朝是歷史最長的一個朝代。周代的文化從周文王、周武王再到周公，他們以這一套「德治天下」的文化，福澤於後人，直到今天仍然綿綿不絕。

史載到了周威王的時候，有一次九鼎突然發生震動，這可不得了！天下之重器震動了，史官都大驚失色：大事不好！九鼎震動，周天子之位坐不正了！周天子將失其正位凝命之道。果然就在那一年，韓趙魏三分晉國，晉國的三個大夫把周天子分封的這個諸侯大國給瓜分了。韓趙魏三分晉國之後，周威王不僅沒有按照周朝祖宗的禮數行天子之令，聲討叛逆，而且害怕韓趙魏三國的勢力，反而把他們也加封為諸侯。從此，周天子的權威不再，春秋五霸的時代結束，戰國七雄的時代開始。進入戰國以後，諸侯兼併日益劇烈，周天子的地位形同虛設，周朝越來越飄搖零落，勢力越來越微弱，直到最後徹底滅亡。

　鼎卦

《鼎》：元吉，亨。

《彖》曰：鼎，象也。以木巽火，亨飪也。聖人亨以享上帝，而大亨以養聖賢。巽而耳目聰明，柔進而上行，得中而應乎剛，是以元亨。

《象》曰：木上有火，鼎。君子以正位凝命。

鼎卦的卦辭說「元吉，亨」。我們看《彖辭》是如何解釋的：「鼎，象也。以木巽火，亨飪也。聖人亨以享上帝，而大亨以養聖賢。巽而耳目聰明，柔進而上行，得中而應乎剛，是以元亨。」

這裡的亨，通烹，我們看「烹飪」這個詞，從《易經》的時代就有了，不過，從古代流行到現在，已經演變成了廚師的專利。烹，在古代並不是專指廚師的手藝，是有神聖意義的。鼎之象是以木巽火，上離下巽，巽為木，離為火，木頭點起火，在鼎裡面煮東西，所以是烹飪。當然，它必須是在一種特殊和神聖的情況下，比如祭祀、宴客的時候才能用鼎煮東西，不是一日三餐都用鼎來煮飯吃。「聖人亨以享上帝」，聖人指的是使用鼎器的聖君王者，亨就是煮東西，是為了祭祀上天。「而大亨以養聖賢」，這裡祭祀上天都沒有說大亨，供養聖賢，才加了個「大」字，所以「大亨以養聖賢」，是用最神聖的鼎器對天下的聖賢之士作大供養，在古代是最重要的事情。

當然，現在「大亨」不是這個意思。現在我們說的都是地產大亨啊、鋼鐵大亨、石油大亨之類，都是指有錢的大老闆。現在的大亨們也不養聖賢啊！現在很多大亨都養貪官，把一個個貪官污吏餵得腦肥體壯。今天波師兄也犯了九斤老太的毛病，也要歎上一句今不如昔、一代不如一代啦！但是在古代，「大亨以養聖賢」，要用最好、最尊貴的禮器供養，來吸引天下聖賢之士到國家的高層來，使他們能夠為天下人服務。

「巽而耳目聰明，柔進而上行，得中而應乎剛，是以元亨。」這一句就涉及到易象。下卦巽為風、為木，有流動、活潑、進入、生發、前行之義。我們看這個鼎卦的卦象，上九陽爻為鼎的蓋子，嚴嚴實實的；六五陰爻，就像鼎的兩隻耳朵；中間二三四為陽爻，是為鼎身，初六陰爻，就像鼎足。「巽而耳目聰明」，下卦為巽、為木，上卦為離、為目，所以看起來當然就耳目聰明、活潑而又莊重的感覺。如果真正是具有鼎卦氣質的人，他一定耳目聰明，沉穩大方，一定是一個言出必行、行必有果的大人君子。「柔進而上行」，鼎卦初六為陰爻，六五也為陰爻。初六之陰柔，因有巽風而入的力量，可以柔順而上行至六五。「得中而應乎剛，是以元亨」，上行六五而得中位，並下與九二陽爻之剛氣相呼應。一陰一陽、一柔一剛，相互呼應，所以卦辭說鼎卦有「元亨」之德。

象曰：「木上有火，鼎。君子以正位凝命」。鼎卦的大象辭說，木上面有火，是為鼎卦之象。鼎卦對我們人生修養有什麼指導意義呢？那就是「君子以正位凝命」。什麼叫正位？一尊鼎器，它擺在任何一個地方，都是方方正正，不偏不倚。在古代的廟堂裡，擺放鼎器的位置都是很講究的、很莊重的。鼎器本身作為國之重器，也凝固了神聖的精神意義在

其中。所謂凝命，就是因為鼎本身所具有的正大剛毅、凝重沉穩的品質，所以只要它還擺在太廟的正位之上，那麼，它就象徵著整個國家的命運、民族的命脈，仍然是凝固在一起的。

當年馮老師把書院交給我，自己離開成都到南方去講學。臨走之前，曾寫了一首詩鼓勵我，也鼓勵大家，其中兩句是：「一志凝神身是鼎，五經範典意如金」，這就是從鼎卦的大象辭中化出來的。這是鼓勵大家要把精神志向集中起來、凝固起來，要壹志凝神；同時要把自己的位置擺正，整個身心性命要像鼎器一樣厚重凝固、不可動搖。要做到鼎卦的精神，就必須好好學習聖賢經典，使之成為我們做人的典範，讓自己的精神、自己的意志變得像真金一樣寶貴。

鼎器也有打翻的時候

所以，「君子以正位凝命」，是整個鼎卦最核心的精神價值。我們來看《繫辭》這句「子曰：德薄而位尊，知小而謀大，力少而任重，鮮不及矣。易曰：鼎折足，覆公餗，其形渥，凶。言不勝其任也。」這恰恰是引用了鼎卦最薄弱的部分，引用了九四爻的爻辭。

為什麼鼎卦最薄弱的環節，是體現在九四爻上面呢？九四爻辭曰：「鼎折足，覆公餗，其形渥，凶」。我們先來看鼎卦的卦象，九四爻一動，陽爻變陰，就變成了山風蠱卦。為啥爻辭說「鼎折足」呢？因為第四爻變而成了蠱卦後，它的互卦也產生了變化，成了雷澤歸妹卦。互卦是指一個卦的內在變化。從歸妹卦看，上卦為震，震者動也；下卦為兌，兌為澤為金，亦有毀折之象。所以鼎卦九四爻一動，牽一髮而動全域，牽扯到歸妹卦這裡，上震下兌，上面一震動下面就毀折，所以有「鼎折足」之象。

其實，我們如果仔細研究《易經》的話，就會發現每一個卦辭、爻辭，都來自于易象。那麼「鼎折足」的後果會怎麼樣呢？當然就「覆公餗」，覆，就是顛覆；餗，就是裡面煮的食物。你想一個鼎器受到震動，腿一下折斷了會是什麼效果？裡面煮的東西肯定就全部傾倒一地了嘛。這個樣子就是「其形渥」。渥，通齷齪的齷，總之是滿目狼籍，看起來很

齷齪、很不舒服，仿佛是一個很凶的預兆。

「子曰：德薄而位尊，知小而謀大，力少而任重，鮮不及矣。」為什麼好端端一個鼎會折了足、會鬧得一片狼籍呢？就是因為「子曰」的這幾句。

一個人的能力不足，德行不夠，卻處於一個很高的位置，當然做不好事。你是一個大祭師，可是你沒有能力主持祭祀，甚至連怎麼用鼎你都不會，那當然就要把事情搞砸。同樣的道理，一個沒有智慧的人，偏偏又要去策劃大事情，也是癡心妄想。一個沒有力量的人，還想挑起天下的大樑，想擔當大任，仍然是不行的。「言不勝其任也」，因為你的能力不能勝任，你把這個鼎打翻了，最後搞得狼籍一片，收拾不了場面，當然就會死得很難看。

豫卦，天地以順動

上面是從鼎卦九四爻中，所引申出來的精神意義。我們繼續來看《繫辭》下面的文字：

子曰：「知幾其神乎！君子上交不諂，下交不瀆，其知幾乎？幾者動之微，吉之先見者也。君子見幾而作，不俟終日。」易曰：「介於石，不終日，貞吉。介如石焉，寧用終日？斷可識矣。君子知微知彰，知柔知剛，萬夫之望。」

我們在講上傳第十章的時候，講到「聖人之所以極深而研幾」時，對「幾」的概念就有詳細的闡述。在這裡，我們結合豫卦的卦德和所引用的六二爻進行一下分析，再對「幾」的概念作一定的發揮。

　豫卦

《豫》：利建侯，行師。

《象》曰：豫，剛應而志行，順以動，豫。豫，順以動，故天地如之，而況建侯行師乎？天地以順動，故日月不過，而四時不忒；聖人以

順動，則刑罰清而民服。豫之時義大矣哉！

　　《象》曰：雷出地奮，豫。先王以作樂崇德，殷薦之上帝，以配祖考。

　　豫，可以通預備的「預」，也可以作愉快的「愉」、娛樂的「娛」講。古時候寫字沒有現在的紙筆，要在龜甲、獸骨、竹片上用小刀刻，很不方便，所以一個同音字往往可以有多種意思。豫卦的這個「豫」，從《彖辭》、《象辭》上來看，既可以作「預」講，也可以作「愉」講。

　　豫卦的卦德，或者說它的核心內涵，是講動，講我們要如何動才是最好的。它的卦辭是「利建侯，行師」。建侯，就是建國封侯，完成一番建功立業的大事；行師，就是帶兵打仗。凡是打卦碰到豫卦，那就是講建功立業的大事，做大事很有利。

　　我們來看《彖辭》是怎麼解釋。「豫，剛應而志行，順以動，豫」。為什麼是豫呢？因為豫卦最重要的一爻，是中間的九四陽爻。九四爻以其陽剛之志，呼應于初六陰爻之柔順。一陽一陰相互呼應，所以，九四陽剛之志，在初六柔順的輔助下，得以順動而施行。另外，豫卦的下卦為坤，柔順為坤卦之德；上卦為震，雷動為震卦之德。所以「順以動，豫」，坤之柔順呼應於震之雷動，所以稱之為「豫」。那麼，我們要想做大事情，要想「建侯行師」，確實要按照社會變化的規律，預先有所打算。你做一項工程要有正確的預算，你做大事更要有所預備，要有先見之明。順以動，就是你能夠隨順因緣而動，隨順事物的變化規律而行，按既定方針辦事，再加上外內合力，剛柔相濟，那麼一定能夠達到預期的目的。

　　「豫，順以動，故天地如之，而況建侯行師乎？」這就是說，天地都是跟豫卦一樣，它都是隨順因緣而動的，更何況你是在社會人事上面呢？天地萬物，確實是這麼順其自然地運行。這些自然規律都是可以預知的，天地萬物都是順從於自然規律運動變化的。天地萬物是如此，那麼你要做建國封侯的大事，要行軍打仗，也同樣是如此。「天地以順動，故日月不過，而四時不忒」，忒，指混亂、顛倒、錯亂。天地都是因為順其自然的運動，所以日升月落，周而復始，它不會亂來，太陽不會在晚上出來，月亮也不會在白天發光，它們的運行都不會超出自己的軌道；同樣，春夏秋冬四個季節更替，它也不會顛倒錯亂。「聖人以順動，則刑罰清而民服」，聖人，指的是居於最高領導地位的聖王君主。聖君能夠順乎自然規律而治理天下，那麼刑罰就會很清明，老百姓也會順服，社會

也就太平。

「豫之時義大矣哉！」我們前面說豫卦的核心是講怎麼動，現在，有了上面對「順以動」的認識，那麼豫卦所體現出來的「動」的精神，就具有非常重要的現實意義，對於每一個時代來說，都非常重要，永遠都值得人們借鑒。

下面我們來看大象辭：「象曰：雷出地奮，豫。先王以作樂崇德，殷薦之上帝，以配祖考。」雷出地奮，雷地豫，這個就是豫卦的象。「先王以作樂崇德，殷薦之上帝，以配祖考」，從這裡看得出來，中國古人對「樂」的體會很深。

中國古代是一個禮樂文化的社會，從古至今都非常注重「樂」的教化。「先王」指的是上古的堯舜禹等理想聖王，他們在自己的時代，各有各的廟堂之樂。堯帝的廟堂之樂，按現在的話來說就是國歌，名字叫做《大章》。堯帝把天下治理得非常好，形成了一套效率極佳的章典法度，史書記載他是按照天上星宿的排列，然後指定人間各級官員的位置，他的這個章法是效法於天象的。所以，堯帝時代的國歌叫《大章》，就表明堯帝為人間社會建立起了最了不起的大章大法，非常令後人讚歎。舜帝時代的國歌，稱之為《九韶》，韶是韶繼之義，舜帝繼承了堯帝的德業，那麼《九韶》之樂也表示他完全繼承了堯帝的大德，所以也令人讚歎。到了大禹繼天子之位的時代，國歌又改了，叫《大夏》。因為禹是夏朝的開創者，夏也是指大，有盛大的意思。《大夏》之樂，還是稱讚大禹了不起，表明他把堯舜之德能夠進一步發揚光大。

當然，先王作樂並不是像我們現在搞流行音樂的人，做音樂純粹為了娛樂。先王作樂是為了「崇德」，為了崇高德行，讓人們對先王之德有一個崇尚和緬懷；讓人們能夠以虔誠之心來面對這個新社會，明白自己的幸福生活是來之不易的。按我們小時候流行的話說，今天的幸福生活是無數先烈拋頭顱、灑熱血換來的，所以要珍惜。以前我們上學，每天升國旗、奏國歌，那是相當的激動、相當的振奮！所以就「作樂崇德」的效果而言，古往今來的廟堂音樂，都是一樣的。

當然，現代人對「殷薦之上帝，以配祖考」已經不時興了。不過對古人來說，這是很要命的大事。這些廟堂音樂，首先是要討好「上帝」，要讓老天爺高興才行啊！大家不要以為古人迷信哦，其實，古代聖人們的心裡亮堂著呢！他讓君王們討好老天爺幹什麼？實際上，老天爺高興

就是老百姓高興啊！所以《尚書》裡面就說「天視自我民視，天聽自我民聽」，你要想知道老天爺眼睛裡看到的是什麼嗎？那你就去看老百姓，他們眼裡看到了什麼，就是老天爺看到的東西。你要想聽見老天爺在說什麼嗎？那你就下去聽老百姓們在說什麼，去好好傾聽民間的疾苦，老百姓們在說什麼，就是老天爺在說什麼。所以「殷薦之上帝」，就是要討老天爺的高興。老天爺聽了這些音樂高不高興？你討好老天爺的效果如何？那就要看老百姓高不高興。

這裡的「以配祖考」，就是祭祀祖先的意思。中國人不能數典忘祖，後人做任何事，都有列祖列宗的在天之靈在盯著你，所以要用最好的音樂來敬上天、敬祖宗。

人貴有先見之明

我們前面說豫卦的卦德是「順以動」，一個人能夠做到「順以動」，最重要的素質是什麼？就是要知幾。《繫辭》這裡再次把孔夫子搬出來，「子曰：知幾其神乎？」能夠知幾的人，難道不神奇嗎？那麼，「幾」是什麼呢？後面就說了：「幾者動之微，吉之先見者也。」

任何一個事物，在將動未動之時、將變未變之時，剛剛有一個極其微小的變化趨勢，這個時候就是幾。它是處在事物由平衡到變化的轉捩點上。我在黑板上畫了一個太極圖，太極圖有一個陰陽相交的臨界線。幾，在這個太極圖上是如何體現的呢？就體現在太極圖陰陽轉換的這一條臨界線上。任何一個事情，它在將動未動、似動非動之時，放在太極圖上來看，就是這種忽陰忽陽、可陰可陽的臨界狀態。這就是幾。如果一個人真正能夠知幾，那他就能夠「知其白，守其黑」，在做任何事的時候都可以立於不敗之地。這樣的人，當然就有點神乎其神了。為什麼這麼說呢？因為知幾的人，他是能夠明白陰陽轉化的道理，能夠對吉凶禍福有先見之明，能夠抓住陰陽轉化的一瞬間，採取最有效的行動。

所以下面就說了，「君子上交不諂，下交不瀆，其知幾乎？」一個真正的君子，修養非常高的人，他平時為人處事，對上層的人物不獻媚、不巴結，不會低聲下氣；對下層的人物，在相互結交的時候，他不褻瀆、

不輕視，對人人都是非常尊重，不卑不亢。孔夫子就說了，這樣的君子，就可以說在人事上他是知幾的。為什麼呢？因為一切東西都是可能轉化的。如果對上你去諂媚、巴結，哪一天你巴結的人物一個跟頭栽下來，你怎麼辦？還不是跟著倒楣。歷史上這種例子很多嘛，現實中很多事情也是這個樣子，一個貪腐幹部被揪出來了，就像拔土豆一樣的，一拔，一大串盤根錯節的人物，一窩全都端出來了。這往往就是諂上的結果。「下交不瀆」也同樣是如此，你欺負人家、看不起人家，哪一天時來運轉，你落到人家的腳底下混飯吃，那就沒有好果子了。

所以，一個知幾的人，從來不會丟失自己的本位，待人接物就是君子相交以道，而不是相交以名、以利。他明白陰陽轉換的道理和時機，自己就永遠處於這種進可攻、退可守的兩可之地。知幾的人，在人生事業中可以說是非常善於走鋼絲，走鋼絲如履平地，而且永遠先人一步、棋高一著。

培養見幾而作的本事

知幾，不僅可以從外部事物的變化中來體會，放在我們的精神內部，知幾也是一件非常重要的事情。我們在書院對念頭功夫的強調，大家聽得耳朵都起繭子了。念頭功夫說白了，就是知幾的功夫。

你內心一念之動，這就是「幾」生的時候，念動則幾生。你一念善動，一個善的念頭剛剛萌生出來，你的良知馬上就認識它了，這是一個吉祥的苗頭就出現了，這就是知吉。如果你一念不善之動，你的私欲、你的七情六欲一念發動，這時候你內心的良知也馬上要認識它，因為這是不吉之幾，這就是知凶。能夠察知吉凶之幾、把握吉凶之幾，那你在「知幾」上的修行功夫就很了不起了。所以，一個人只有善於把握自己的念頭，善於調理自己的七情六欲，善於把控自己的情緒，這樣的人才有「見幾而作」的本事，進而才能夠達到前面說的「知幾其神乎」的境界。

前面說了這麼多，到底怎樣知幾？怎樣培養這種見幾知幾的本事呢？《繫辭》這裡就引用了豫卦的六二爻：「介於石，不終日，貞吉。」大家

對「介於石」這幾個字都似曾相識，蔣介石的名字就是從這裡來的。蔣中正，字介石，中正嘛，就像石頭一樣中中正正的擺在那兒，然後要介，介於石。這個介指的是耿介，同時也有界限的意思。要堅強不屈，耿介如石，同時處在一種界限上，就像我們剛才黑板上畫的，要處在太極圖這種陰陽相交的介面上，磐石一樣穩固堅定。你的意志在這個介面上要穩固，要堅定，但光這樣還不行，後面還有個「不終日」。

你不能每天從早到晚，都硬邦邦像塊石頭一樣不動啊！你如果從早到晚都這個樣子，就像有些人喜歡打坐，尤其是學佛參禪的朋友，喜歡打坐，一坐坐出感覺來了，就不想起來，有時候一個小時、兩個小時、三個小時，有些人甚至一坐能夠坐到幾天。這個功夫好深哦！功夫是深，但是，我說已經出大問題了。為啥呢？因為你雖然「介於石」，但不僅終日了，而且還終了好多日！所以這裡面就有大問題，什麼大問題？這個在佛教修定上來說，就叫做死定、木石定，就像一段木頭、一塊石頭一樣死定在那裡，沒用，不能起大機大用，不能夠產生真正救世渡人的作用。你終日耿介如石，卻沒有智慧的活水滋潤，不能靈活處理事情，就已經落入了一種很頑固的精神狀態裡面去了。所以豫卦的六二爻就講了，只有在既「介於石」的狀態下，同時又「不終日」，又能夠隨時開啟出活潑的精神狀態，那麼，對於大人君子來說，這樣的修為才是真正的中正、真正的吉祥。

下面是孔夫子對豫卦六二爻的評價。「介如石焉，寧用終日？斷可識矣」，就是說你的精神、你的意志都像石頭一樣堅定了，哪裡還用得著從早到晚都這個樣子呢？成天馬著個臉，鐵板一塊跟包公似的，誰見了都不喜歡，太不好玩了！誰都清楚這個道理，所以是「斷可識矣」。

「君子知微知彰，知柔知剛，萬夫之望」，微就是細微，也有隱蔽起來的意思；彰就是明顯、彰顯，什麼東西顯現出來了。知微知彰，就是我們剛才說的，要把知幾的功夫做到一定的火候才能夠達到的境界。同時，知微知彰也有介於顯隱之間、介於陰陽之間的味道。「知柔知剛」，就是指一個大人君子，一個修養非常高的人，能夠隨時處在剛柔相濟的精神狀態下，同時在對待他人上、處理事情上，也能夠寬嚴有度、剛柔並濟，那麼，這樣「知微知彰，知柔知剛」的大人君子，一定就是一位非常了不得的人物，天下的老百姓也都指望這樣的人能夠成為領導者，這樣的人做領袖，大家的日子才有盼頭。

以前在講周敦頤《通書》的時候，我們把「知幾」講得比較細緻。「幾者，動之微」，微微有一點將動未動的時候，你就能知道，那麼你對事物的判斷就能夠做到料事如神。所以，「知幾」的功夫在傳統文化中，尤其是在啟發「大機大用」上面，可以說是特別重要。它不光是一個理論問題，而是關乎我們人生事業實戰的一個非常重要的修養功夫。

祖師禪的心髓在「見幾」

整個禪宗說白了，就是在「知幾」上見功夫。古時禪師一見面，互相是要「鬥機」的，這可不是像小孩子一樣把腿提起來，相互玩「鬥雞」的遊戲。禪師是鬥機鋒，機鋒的這個「機」，就是「知幾」的這個「幾」。古時候這兩個字通用，只是現在加了木字旁的這個「機」，就是機器了，就是一個具體的器物了，就沒有「幾者，動之微」這個感覺了。

禪宗在這個「幾」上面有特別的講究，兩個禪師狹路相逢，哪個水準高？哪個水準低？其真實境界就在「知幾」的程度上體現出差別來。過去的高僧大德們，理論修養是非常之高，哪個都能講出一番大道理，光憑理論上是分不出水準高低的，要在實際的「大機大用」中才能顯出高低來。過去禪宗有「祖師禪」和「如來禪」之分，其實，也是從「知幾」上面界定的。

當年溈山祖師有兩個徒弟，一個仰山和尚，一個香嚴和尚。禪宗五宗之一的溈仰宗，就是溈山和仰山師徒二人共同創立的，是禪宗最早的宗派。香嚴與溈山本來同是百丈和尚座下的師兄弟，但百丈和尚圓寂時，香嚴還沒有開悟，於是又依止師兄溈山繼續參學。溈山的大弟子仰山和尚開悟得早，經常和師父一唱一和，心心相印，所謂函蓋相投，讓人很羨慕。香嚴每次看到溈山師徒互唱雙簧戲，心裡就很不是滋味。他倒不是出於嫉妒，而是著急自己太笨，老是沒有開悟，不能真正領會佛法的心要。他於是去求溈山，我怎麼才能開悟？怎麼才能明心見性啊？溈山和尚就問他：「我聞汝在百丈先師處，問一答十，問十答百。此是汝聰明靈利，意解識想，生死根本。父母未生時，試道一句看？」大家要知道，香嚴和尚的理論修養水準非常高啊！太聰明敏捷，不管什麼問題，他隨

便就能引經據典,對答如流。但是,為山對他的理論水準和聰明才智根本不屑一顧!你這個不算,這些都是書本上的東西,或者是你思維意識的產物,不但不算數,還是你流浪生死的根本原因。除非你能回答我一句:父母未生你時,你在哪裡?

這個問題書上可沒有,任你有多聰明,想死也想不出來。香嚴和尚答不上來,回到自己的房間裡左思右想,發現自己腦袋裡面所有的答案,全部都是書本上的、佛經上的。他沒辦法,只好再找為山,求為山告訴他答案。結果為山說,我可不能告訴你,如果告訴了你,你將來會罵我的。香嚴和尚碰了一鼻子灰,很傷心,就向師父告辭,說:「此生不學佛法也,且作個長行粥飯僧,免役心神!」意思是佛法太費心神,估計沒我的份,我也不求了,我就到處流浪當個吃閒飯的僧人算了。他一個人跑出去行腳,走到以前南陽忠國師的遺址跟前,估計是一個荒廢的廟子,覺得這個地方環境還好,就搭了一個茅棚住下來,成天也不念經參禪,反正就是饑來吃飯睏來眠,只是在屋前屋後種點青菜、土豆為生。

有一天鋤地的時候,他鋤到一個瓦片,隨手撿起來往田地外一扔。這個瓦片打在田邊的竹子上,「嘩啦」一聲響。奇怪啊,香嚴和尚聽見這個聲音以後,竟然一下子就開悟了!開悟之後,眼淚汪汪對著為山的方向就拜了幾拜,說道:為山和尚太慈悲了,簡直就是法身父母啊,當時若為我說破,哪有今天大徹大悟的好事啊!所以,他就寫了一首證明自己開悟境界的詩偈:

> 一擊忘所知,更不假修持。
> 動容揚古路,不墮悄然機。
> 處處無蹤跡,聲色外威儀。
> 諸方達道者,咸言上上機。

「一擊忘所知」,瓦片一打出去,「嘩啦」一聲響,只聽其聲,一瞬間就能所兩忘,內心空空淨淨的,什麼知見都沒有了。「更不假修持」,原來這個東西不是修來的,我們參禪打坐,坐一輩子、兩輩子也坐不出來,法身佛性是不生不滅的,從來就沒有離開過我們半步。「動容揚古路,不墮悄然機」,所謂的「古路」,就是佛菩薩們、前輩祖師們所走的道路。自己在揚眉瞬目之間,其實跟諸佛菩薩、前輩祖師爺們走的是一個路子,

也從來就沒有丟失、浪費過這種無聲無息的時機。「處處無蹤跡，聲色外威儀。諸方達道者，咸言上上機。」後面這幾句，整個就是講他對法身無形無相的一種體會，也是他對最上之「幾」的現量感受。

這首詩傳到溈山那裡後，溈山很高興，說這個香嚴和尚搞了半天，終於開悟了。但是他的大弟子仰山和尚還不認可，還要親自去考察一番。仰山和尚到香嚴這兒來，說雖然溈山老和尚認為你已經悟道了，但是我覺得未必。你這首詩偈充其量是根據過去對佛法的理解，硬作出來的，不算數，除非你再說一個偈子給我，看看是不是真悟了。香嚴和尚一聽，好啊，你聽著，我再給你說一個偈子：

> 去年貧，未是貧；
> 今年貧，始是貧。
> 去年貧，尤有卓錐之地；
> 今年貧，錐也無。

仰山聽了這個偈子，還是不滿意，說你的這首偈子充其量是如來禪的境界，祖師禪的境界還談不上。香嚴和尚聽了，哦，師兄你要祖師禪啊？祖師禪我這兒也有呢，你等一下我再說一偈：

> 我有一機，瞬目視伊；
> 若人不會，別喚沙彌。

「我有一機」，這裡「機」通「幾」。我這兒現現成成、眼前就有一個禪機！它是什麼呢？「瞬目視伊」，就在我眼睛一瞥你的這一個瞬間，這個就是現成禪機。「若人不會，別喚沙彌」，當然，你如果不會就算了，你懂不起的話，就另叫一個懂得起的沙彌來。管你會不會，反正我這個「機」已經給你顯現出來了。仰山和尚聽了這個偈子，終於鬆了一口氣，放過了對他的考驗，並祝賀說，恭喜恭喜！師弟你終於會祖師禪了。

在禪宗史上，這是一個重要的事件。因為在仰山和香嚴的這段公案之前，是沒有所謂的如來禪和祖師禪之分的。就因為這段公案，後來禪宗就把祖師禪的境界，提到了最崇高的地位上，成為佛法金字塔的頂端。也可以這樣說，整座金字塔就可以看作如來禪，但是祖師禪，也就是中國禪宗的心髓，則是佛法金字塔的最頂端。為什麼呢？因為中國禪的心

髓、最根本之處，就是在這個「大機大用」上顯現。如果沒有這個「大機大用」，所謂的佛法，也就是故紙堆裡一無用處的空洞文字而已。禪宗的這個「機」，它不是說是有一個時間、有一個空間的範疇，它就在當下一念，就是眼前一瞬。所以香嚴才以這個偈子對仰山說，師兄你不是讓我說一下祖師禪的感覺嗎？就在當下，就在我給你眨眼睛的這一瞬，你會不會？你當下會了，這個就是祖師禪；當下你如果不會，那就走人，換別人來。

這個公案一波三折，層層遞進，可以說是對《易經》裡「知幾其神乎」的最好注腳。香嚴三次說偈，仰山步步緊逼，最終顯現出中國禪宗「大機大用」的最高境界，所以中國禪的心髓，就是在「幾」上面體現它的大功用、大妙處。

顏回跟《易經》的關係

我們繼續往下講。這一段，它是緊接著上面「知幾」的功夫，然後舉了顏回作為例子。請看原文：

子曰：「顏氏之子，其殆庶幾乎？有不善未嘗不知，知之未嘗復行也。」易曰：「不遠復，无祗悔，元吉。」

顏氏之子顏回，是孔夫子最優秀的學生、得意門生。過去講孔夫子「三千弟子，七十二賢人」，顏回就是七十二賢人之首。我們看一部《論語》，其中多次看到孔夫子讚美顏回，這裡也是一樣。顏回特別好學，好學表現在幾個方面，比如說「不遷怒、不貳過」，心裡有氣，他不會轉嫁給別人，不會亂來，像我們一般的人很難做到這些。不遷怒就很難做到，更何況不貳過，有了錯誤，知道錯誤，就絕對不會再犯了。這些都是我們為學的榜樣。另外，顏回安貧樂道，更是讓人敬佩！他哪怕是身處貧賤之中，每天吃了上頓沒下頓，但是始終快快樂樂的。所以，後來的儒家也用禪宗的方法，讓學生去參「孔顏之樂」。為什麼顏回那麼快樂？難道是他窮骨頭發乾燒嗎？非也！因為他常在道中，按佛教的說法，他經常是法喜充滿。

顏回跟《易經》的瓜葛也很深。在西漢大儒、我們四川人揚雄，他寫了一本書叫做《法言》，《法言》是效仿孔子《論語》寫的一本書。在《法言》裡面就說「顏淵弱冠，而與仲尼言《易》」，就是說顏回才十幾歲的時候，就已經開始跟孔夫子探討《易經》的問題了。

實際上，顏回十三歲入孔門，直到四十歲不幸早死，孔夫子非常痛心！我們讀《論語》中顏回死了的這一段，就讀到孔夫子大叫：「天喪予！天喪予！」用現在的話說，孔夫子也是哭天搶地，老天爺啊老天爺！你為什麼把我最好的學生收了啊？你太可恨了，還不如把我老頭子的命也收了算了！孔夫子平時溫文爾雅的，但顏回死了哭得那麼傷心，可見這事確實傷到了孔夫子的痛處。那麼，我們從歷史的資料上看，顏回對《易經》確實有很深的研究，孔夫子晚年整理上古典籍，顏回可以說是孔夫子整理《易經》的主要助手，對《易經》作出了很大的貢獻。孔夫子去世以後，孔夫子的學徒分了八家，即所謂「儒分八派」，其中就有顏氏之儒。所以，我們不要看顏回四十歲就死了，他還是有傳人的，學問和方法還是傳下去了。在戰國時期，韓非子的思想中還引用了顏氏之儒的一些觀點，也可以說顏回的學問流傳下來，跟《易經》有很大的關係。

正因為孔夫子對「顏氏之子」的讚揚最多，孔夫子後來被奉為「大成至聖先師」進入孔廟裡面，每年都要享受香煙祭祀，顏回就理所當然成了陪侍。所謂陪侍，就是配享，跟著老師在旁邊享受香火供養。就像佛教寺院裡，釋迦牟尼供在大雄寶殿中間，兩邊是大弟子大迦葉和阿難作為配享。到了後來，帝王們覺得顏回確實很了不起，還給他也封了聖號，在明代的時候被奉為「復聖」。儒家統共也就封了幾個「聖人」——孔夫子是「至聖」；孟子是「亞聖」，僅次於孔夫子；還有一個子思，是孔夫子的孫子，寫了一部《中庸》，後來被奉為「述聖」，說他能夠敘述孔聖人的思想，把它系統地整理出來。《中庸》是一套很完善、很系統的儒家核心理論，而孔夫子本人沒有系統的東西留下來，都在《論語》裡面，用語錄的形式東一條、西一條記錄的，但《中庸》就是很完整的儒家思想體系，所以子思被奉為「述聖」。顏回被奉為「復聖」，復，就是重複，他能夠原封不動地重複了孔夫子的思想路線，所以是「復聖」。

那麼，顏回這個「復聖」跟《繫辭》中的這一段也拉得上關係，因為這一段講的就是復卦。我們來看看這個復卦跟復聖之間，到底有一些什麼關係？我們翻到第二十四卦，復卦，看看其中心內容是什麼？為什

麼顏淵被奉為復聖，而且還跟「知幾」掛上鉤？

復卦，見天地之心

復卦的樣子很好記，一根陽爻在下，上面全部是陰爻。上卦為坤，下卦為震，地雷復卦。

 復卦

《復》：亨。出入无疾，朋來无咎。反復其道，七日來復，利有攸往。

《彖》曰：復亨，剛反，動而以順行，是以出入无疾，朋來无咎。反復其道，七日來復，天行也。利有攸往，剛長也；復，其見天地之心乎？

《象》曰：雷在地中，復；先王以至日閉關，商旅不行，后不省方。

復卦的卦辭是：「亨」，首先是很好的，很通順的，亨通。「出入无疾」，也是通達無礙的意思，門打開，可以任意出入，沒有什麼阻擋，也沒有什麼疾病來害你。「朋來无咎」，同樣如此，在後面《彖辭》中對「朋來无咎」還有具體的解釋。「反復其道，七日來復，利有攸往」，這幾句是對復卦的一個根本性的描述，我們在下面要詳細解釋。

《彖》曰：「復亨，剛反，動而以順行，是以出入无疾，朋來无咎。」復亨，處復卦之時應可亨通；那麼「剛反」是什麼意思？對於《易經》來說，剛為陽，柔為陰。我們看復卦的卦象，一陽處在最下面，正常情況陽爻應該居於陰爻之上才好，龍在上鳳在下才對，慈禧太后改成鳳在上龍在下，就是陰陽相反了。所以一陽在下，群陰在上，是為「剛反」。同時，這個「剛反」還有陽剛返還之意，陽氣要開始向上回升了，所以是「剛反」。下一句「動而以順行，是以出入无疾」，復之下卦為震、為雷、為動，其由下而上是為順行，所以是「動而以順行」。同時，這個「順」亦指上卦之坤，坤為順、為眾、為朋，所以「朋來无咎」之朋，也是指的坤卦。「動而以順行，是以出入无疾」，指復卦因一陽震動于下，陽氣上行而遇坤卦，如見朋來，所以是順行而無過患。

「反復其道，七日來復，天行也」，復卦之道，實際上就是一個陽剛反復的過程。當然，這個「反復」我們可以有兩種解釋，一種是方向性的，指陽氣返盛上升的恢復過程；另一種則是指翻來覆去、不斷重複的意思。總之，這都是天道自然的運行規律。

「七日來復」這一句中的「七日」，本身就是一個很有意思的話題。我們看，從姤卦到復卦，正好是經過了七次的變化。夏至一陰生，是為姤卦，正好與復卦相反，互為錯卦。姤卦稱之為夏至之卦，夏至一陰生，所以夏至的時令正好體現在姤卦上面；冬至一陽生，冬至的時令則體現在復卦上，因為到了最冷的時候，一陽復生，天氣開始轉暖，陽氣開始逐日恢復，所以是復卦。從姤卦到復卦，它正好經過了七次變化：第一變天風姤，第二變天山遯，第三變天地否，第四變風地觀，第五變山地剝，第六變為坤卦，坤卦再一變為復卦，正好是七次變化，所以是「七日來復」。七日作為一個週期，是天道運行周而復始的自然現象，在其它東西方文化的典籍裡面也有表現。比如在基督教《聖經》裡面，上帝創造萬物用了七天時間，實際上是用六天時間創造，加上第七天上帝休息了，所以一個星期為七天，是天地自然的一個運行週期、運行的規律，所以是「七日來復」。我們把一年三百六十五天，用六十四卦來除，每一卦主六日七分，也是將近七天。另外，我們人體也是七日一個變化，我們去中醫老師那兒看病，叫你一個星期來摸一次脈，一個星期來討一張藥單子，因為我們的身體也是七日就有一個變化。所以，復卦上說「七日來復，天行也」，老天爺就是這麼規定的，就是這麼運行的。

「利有攸往，剛長也」，處復卦之時，無論你到哪裡去做事情，都會有利，因為這時正處在陽氣不斷回升的時候。冬至過去了，天氣越來越暖和，一年之計在於春，所以這時候準備出門做事情，結果一定是有利的。

《彖辭》最後一句：「復，其見天地之心乎」，所謂「天地之心」，實際上也可以說是「天地之幾」，為什麼這麼說呢？我們以一年來打比方，一年的夏至和冬至，這種陰陽的轉化、轉化的這一瞬間就可以說是處在「幾」的狀態。幾者動之微，你抓住了這個「天地之幾」，就可以說你觸摸到了「天地之心」，天地運行最核心的部分你就觸摸到了。

邵雍有一首《觀物吟》詩，我記得以前給大家講過：「乾遇巽時觀月窟，地逢雷處見天根。天根月窟閒來往，三十六宮都是春。」我記得當

時是劉阿舅提了問題，然後跟大家講了這首詩。「地逢雷處見天根」，天根就是天心，地雷復，復卦就能夠見「天心」。邵雍還有一首詩說「冬至子之半，天心無改移」，也是說的這個事情，也是說的復卦。所以，復卦在《易經》六十四卦裡面是非常重要的一卦。冬至子時剛好過了一半，半夜 12 點的時候，「冬至子之半，天心無改移」，天心，也可以說天機，這個時候它正要動，但又沒有動，就是最正宗的復卦一陽來復的瞬間。所以，「復，其見天地之心乎」，我們要從復卦當中來體會天機、天根、天地變化之核心。

再來看《象辭》：「雷在地中，復。先王以至日閉關，商旅不行，后不省方。」雷在地中，這很好理解，就是直接說的復卦之象，坤為地，震為雷，雷在地下隱藏著，還沒有奮出於地面，這個時候就是復卦。先王，當然指的是古代創造《易經》的這些聖王，他們在復卦行令的時候，「以至日閉關」，就不會出來做事情，要閉關，要靜養。至日就是冬至，在至日要靜養，為什麼呢？因為這個時候陽氣最弱，不能夠隨便耗掉，要把它固養起來。

過去練氣功的人就知道，打坐練功的時候，一天中的最好時間是在子時，因為那是復卦主時，是一陽來復的時間；而一年中最好練功的時間是在冬至，因為復卦行令，是一年之中一陽來復的時期。有人說冬至子時打坐練功，比平時練功的效果要增加許多倍，這是有道理的。「商旅不行」，當然啦，先王都閉門不出了，上行下效，商人旅客在這個時候也不要出去亂跑了，這時只剩下一點陽氣，你東跑西跑把陽氣耗完了，沒什麼好處。「后不省方」，就是後來的王者，在這個時候雖然已經沒有閉關的習慣了，但這個時候絕對不能夠出去視察，不能去巡遊四方。這是教我們在復卦行令的時節，應該保命養生，不要隨便做損耗陽氣的事情。

讓惡念「復」不起來

我們回到《繫辭》這裡。子曰：「顏氏之子，其殆庶幾乎？」孔夫子就說，顏家這個娃娃啊，差不多接近「知幾」的程度了。前面說的「知幾其神乎」，你如果「知幾」就很神、很厲害，而顏回就差不多接近「知

幾」了，所以這個娃娃很厲害。為什麼呢？

　　下面就接著說了：「有不善未嘗不知，知之未嘗復行也。」顏回內在的德行功夫很深啊，自己一念不善，剛剛有一點苗頭，他馬上就知道了；知道了這個不善，那就絕對不會付諸於行動，所以才體現出「不遷怒、不貳過」這樣深厚的修養功夫。

　　「不遠復，无祗悔，元吉。」這裡舉的是復卦初九的爻辭。祗，通時宜的「時」。什麼叫做「不遠復」呢？我們看《小象辭》：「不遠之復，以修身也」，它告訴我們修養身心，不要往外面跑，不要往遠處去找，要在自己的身上找。什麼最「不遠」？最不遠的東西就是我們自己。所以，功夫修養要在自己身上落實，事情沒做好也不要總是找外在的客觀原因，而是要從我們的心上、從我們自己的言行上找原因。如果你打妄想，心思跑遠了，要趕快把它拉回來。回到哪兒呢？要回到自己起心動念的這個最「不遠」的地方。總之，復卦在自我修養上所體現出來的核心精神，就是「反身而誠」。一陽來復之時，雖然陽氣很微弱，但它會一天天返回上升，不用著急，最終是很順利、吉祥的。

　　對於復卦的精神，我們結合佛法的修學，再作一些引申和發揮。過去有個說法，真正學佛修道，最根本就體現在復卦上。為什麼呢？釋迦牟尼在菩提樹下打坐七七四十九天，最後睹明星而悟道。他悟了個什麼？「奇哉！奇哉！一切眾生皆具如來智慧德相，唯以妄想執著不能證得。」太奇怪了！老佛爺開悟以後，覺得太奇怪了，原來一切眾生，不管是大象、牛馬這些大動物，還是人類這樣聰明的生命，乃至於豬、狗、羊這些愚癡畜牲，以及蒼蠅、蚊子、螞蟻這些渺小眾生，總之天地間的一切眾生，都完全具備了如來的智慧德相，都完全具備了圓滿的佛性。但是，為什麼眾生又不是佛呢？為什麼眾生沒有佛的這個智慧功德呢？因為眾生都被自己的妄想、執著、習氣遮蔽了，沒有辦法認識到自己本來也是佛，沒有看到自己身上也有分毫不差的佛性。

　　復卦的精神，就是要我們從自己的一念覺悟出發，恢復我們自身的先天本性，恢復我們本來是佛的圓滿德性。

往返跑中的轉身處

因此，我們學修佛法，學修傳統文化，就是要從自己的身心上做起，返身而修。修行的道理，無非就是去除妄念，去除執著，恢復我們光明無量、永恆無限的先天本性，恢復我們的本來面目。這是復卦所體現出來的最高意義。

我們不僅要「反身而誠」，而且還要「反復其道」，要不斷地提醒自己、不斷地完善自己。《論語》中有「吾日三省吾身」，每天早中晚三次反省自己，看一天的事情做得對不對？對朋友忠不忠？對父母孝不孝？與人交往守沒守信用？這一切都要反省自己。不斷反省，就是「反復其道」的意思。我們學佛修行，每天念佛持咒、念經打坐，只有「反復其道」才行。你只有每天念修、堅持念修、反復念修，那麼你才能夠打成一片，才能讓自己無始以來的妄想執著的習氣逐漸鬆動，乃至於最終除掉這些不良習氣。

同時，我們在學修的過程中，從信心到精進程度等，也會有很多反復。所謂「一年學佛，佛在眼前；兩年學佛，佛在大殿；三年學佛，佛在天邊」，剛開始的時候信心很足，覺得自己這麼努力，慧根又深厚，肯定很快就能開悟，很快就能得成就；但是，當你真正學進去以後，在不斷地與自己的習氣作鬥爭的過程中，這種反復、進退就太多太多了。我們經常都有這種體會，有時候覺得自己很了不起，簡直覺得自己與聖人之間可能就差一點點了；但是，有時候煩惱習氣來了，回頭一看自己的言行，哎呀！自己怎麼這麼齷齪？修行了這麼多年，自己的凡夫習氣怎麼還那麼重？甚至於連一點動物本性都收拾不住。

其實，這在修行中是很正常的，這也是一個反復，遇見這種情況不要怕。所謂修行，只有在自己的煩惱習氣冒出來的時候，你才能認識到自己的毛病；你只有遇見了挫折，遇見了修行中的障礙，你才知道自己的問題在哪裡，你的修行才有針對性。一旦你真的衝破了這個障礙、翻過了這道大坎，那你心性境界的提升，自己都會有明顯的體會。這個時候回頭一看，哦，原來這個障礙、這個挫折、這些煩惱習氣，都是幫助自己修行上臺階的力量啊！

真正過來人就知道，學道修行真的不知道要反復多少次。有時候不

知不覺陷入一種好像早已經解決了的煩惱境界中，突然一回神，哦，自己又陷進去了！於是又要反覆一次。「反復其道，七日來復」，就是不斷地重複，不斷地磨煉，這是復卦對我們心性修養的關鍵啟示。

渾水塘裡好養魚

我們繼續來看下面一段，這是講損卦中的一句爻辭。

天地氤氳，萬物化醇。男女構精，萬物化生。《易》曰：「三人行則損一人，一人行則得其友。」言致一也。

「天地氤氳」，這四個字不用解釋，光看字面就感受得到，反正就是天地一片渾濁、迷糊的那麼一種氛圍。這個「氤」本身是指的麻繩、麻線，「氳」本身是指的棉絮，「天地氤氳」就是天地間陰陽二氣絞纏不清，跟一團亂麻、一團軟呼呼的棉絮一樣，你武功再高，一拳打在棉絮上，著不到力，總之是纏纏綿綿、混混沌沌、朦朦朧朧。但是，就是這種纏纏綿綿、混混沌沌、朦朦朧朧，陰陽二氣的絞纏無序的狀態，萬物才能夠「化」，而且「醇」。醇，就是糧食發酵成酒的狀態，醇而有香，就是這種感覺。天地是要處在這種陰陽怪氣的狀態之下，才能成為適宜於萬物萌動的外部環境，萬千生命才能夠得到很好的滋養，才能夠得以生長。

「天地氤氳」，這個詞用得非常好。我不知道大家有沒有這種體會，我的老家是在縣城，宿舍旁邊就有一個酒廠，每天定時就要往外面的溝渠裡倒酒糟，周圍全都是熱乎乎的酒糟之氣。你說味道好受呢，也不是很好受，但是也不難受，周圍那一片地方都是如此，有點說不清的混沌感覺。但是，就在倒酒糟的溝渠下邊，什麼動物都有，不管是陰暗角落的老鼠，還是八哥、戴勝、麻雀這些飛鳥，各種動物都要跑下來找食。順著那條溝渠下去，就到了穿城而過的一條河，就在那個溝渠與河的交匯處，釣魚的人特別多，因為那裡的魚最多，也最好釣。這種「氤氳」的環境狀態，的確是一切生命最喜歡萌生的環境。俗話說「水至清則無魚」，我以前愛釣魚，到了河流、堰塘、水庫的釣點，首先要觀察水情如何。如果是乾乾淨淨、清澈見底，那趕快換地方，這裡根本沒有魚。如

果你看到這個水質有點渾黃，經常還會冒出點渾濁的水泡什麼的，那在這個地方下釣，準會有所收穫。

自然界要是處在一種單一、純粹的狀態，那它就不適宜多種生物的生存。你看在沙漠地帶，單調無比，陽光直射，純粹是陽氣十足，但是沒有什麼生命；南北極地帶，陰氣十足，白茫茫一片，除了北極熊、企鵝這些極少數適應了嚴酷環境的生物以外，其它的生命很少。這些純陽、純陰的地方，往往看起來很空曠、很純淨，但就是不適宜生命的孕育，反而是在熱帶、亞熱帶地區，你看南美洲的亞馬遜河熱帶雨林地區，裡面的物種之豐富，一棵樹長了幾十米上百米高，隔幾米是一個生物層，隔幾米又是另一個生物層，從最底下到最頂上，各種各樣的生物賴以生存，可以說是整個地球上生命的基因庫。你進了熱帶雨林就會感覺到，整個全都是蒸蒸騰騰、霧氣彌漫的一片，總之，只有在這樣的環境裡，它恰恰才是能夠孕育生命的寶庫。

我們學佛求道也是這個道理哦，你不要為了圖清淨，妄想跑到山裡面去，往那兒一躲、一坐，以為就可以坐地成佛。不行！這樣你修行再好，也充其量是一個自了漢，只解決自己的問題。大乘經典說了，自了漢就是焦芽敗種，雖然你種下了一顆成佛的種子，但它是一顆敗種，長不出一棵很好的菩提樹。所以學佛要學大乘，還是要入世行菩薩道，就像六祖大師說的：「佛法在世間，不離世間覺」，就是要在煩惱叢生的地方與眾生打成一片，就是要跟五濁惡世打成一片，就是要跟六道輪迴打成一片。真打成一片了，這時候你才真正能夠體會到佛法的力量，佛法要渡眾生，也是要在這個煩惱叢生的地方來渡。學佛的人經常愛說口頭禪，什麼煩惱即菩提啦，生死即涅槃啦，諸如此類。

什麼叫煩惱即菩提？「天地氤氳，萬物化醇」，這個就是「煩惱即菩提」啊！沒有這個煩惱叢生的地方，哪裡長得出菩提樹來呢？其實，學佛不是斷煩惱、了生死，而是要看破煩惱生死，看破菩提涅槃。看得破，煩惱即菩提，生死即涅槃；看不破，菩提即煩惱，涅槃即生死。有些人學佛想斷煩惱、證菩提，你真斷煩惱就等於斷了菩提啊！這個不行。你想要斷生死，斷生死就等於斷涅槃，你也成不了佛。

在學佛求道這個事情上面，你要發這個勇猛之心，不要有任何畏懼之心。唐太宗曾感歎：「出家乃大丈夫之行，非帝王將相所易為。」什麼叫大丈夫之行？那就是難行能行！別人不行的，大丈夫能行；別人做不

到的，大丈夫能做到。這樣才是能夠真正得道，才能夠真正成佛。

上面扯得遠了點，總之，易道本身就是「天地絪縕」，就是在這種陰陽二氣的糾纏不清、混混沌沌當中，才使得天地之間萬物萌生、滋養，就像穀物化醇發酵一樣，這才產生了我們這個豐富多彩、無比風光的大千世界。

前面講得很籠統，是籠而統之的「天地絪縕」，下面「男女構精，萬物化生」這兩句就說得很實在、很具體，說到具體的男女之事上面來了。大家都是成年人，男女之事都懂，但這裡不光是說男女之事。「男女」只是一個借用，實際上指的是一切生物、一切物種的雄雌、陰陽之間的交媾。「構精」，就是生命的精華相互交流，然後構成新的生命誕生。大自然中的一切生命，都是通過陰陽二氣交媾變化而產生的。古人通過對大自然、對各種生命的樸素觀察，發現一切生命就是這樣產生的。

損卦，損有餘而補不足

再看下面引用損卦的爻辭，「易曰：三人行則損一人，一人行則得其友。言致一也」。這一句放在這裡有點怪，讓人覺得有點突兀，好像跟前邊的「天地絪縕」、跟「男女構精」關係不大。實際上，這個關係還是很緊密的，只不過我們要先體會一下損卦是怎麼一回事，才能把這個問題說清楚。

 損卦

《損》：有孚，元吉。无咎，可貞，利有攸往。曷之用？二簋可用享。

《彖》曰：損，損下益上，其道上行。損而有孚，元吉。无咎，可貞，利有攸往。曷之用？二簋可用享。二簋應有時，損剛益柔有時，損益盈虛，與時偕行。

《象》曰：山下有澤，損。君子以懲忿窒欲。

一般人覺得，打到損卦就不太好、心裡不安逸；如果打到損卦的對立面益卦，就覺得很受用。這個我們先不要下結論，先看一下損卦到底

是「損」了你什麼東西。

先看損卦的卦辭:「損,有孚,元吉。无咎,可貞,利有攸往。曷之用?二簋可用享。」你看還是可以嘛!「有孚」,孚者誠也,真誠不欺還是很好的。「元吉」,意思是從根本上來說,這個卦還是吉祥的、是好的。「无咎」,雖然是遇見損卦這種狀況,看起來不太爽,但你自己是沒有什麼過錯的。「可貞」,處損卦之時,我還是可以行得正、坐得直。「利有攸往」,這種情況下出來做事情,來來往往還可以,有利。「曷之用?二簋可用享」,曷,通何,既然遇見了損卦,東西都損完了,還可以用什麼呢?財物都損失完了,那用什麼呢?簋,是普通人用的一種最樸素、最平常的盛飯的土缽;享,就是祭祀神靈。「二簋可用享」,即使沒有什麼好的祭器,只用兩個最平常、最普通的土飯缽來敬奉神靈,也是可以的。

上面是對損卦卦辭的一個直譯,意思看起來也還是不錯的。那麼,《彖辭》是怎麼解釋的呢?《彖》曰:「損,損下益上,其道上行。損而有孚,元吉。无咎,可貞,利有攸往。曷之用?二簋可用享。二簋應有時。損剛益柔有時,損益盈虛,與時偕行。」

我們還是一句一句地來理會。損卦,上艮下兌,山澤損。「損下益上,其道上行」,你看這個卦象,上九一陽在上,初九、九二在下,有上輕下重之感。這個卦要有所平衡,就要把下卦多出的一陽補充到上面去,所以是「損下益上,其道上行」。再看「損而有孚」,損卦第三、四、五爻為陰爻,其卦中虛,有誠孚之象,所以從根本上說,它還是一個「元吉」之卦。雖然出現一個損卦,這是因為天時運轉,自然到了一個該損的時節,如果一個人內心誠孚,他還是很吉祥的,沒有什麼過錯,所以結果是「无咎,可貞,利有攸往」。

用損只在非常時

「曷之用?二簋可用享。二簋應有時,損剛益柔有時,損益盈虛,與時偕行。」大家注意,這幾句可以說是非常重要。我們以前說過,《易經》裡凡出現「時」字,都要多長個心眼,認真對待。這裡連用了三個「時」字,說明什麼呢?說明對損卦思想之運用,是要看時節因緣,不

是什麼時候都可以拿出來用的。那麼，什麼情況下才是損卦起用之時呢？

我們一般到廟裡去燒香、敬菩薩、敬神明，都是要用最好的東西、最高貴的禮數去敬拜。我們的佛堂裡，佛像都要放在最高的位置，敬神的神龕也要擺得比較高，敬神的器皿也都要用最好的，不能把我們平常吃飯的鍋碗瓢盆拿去供菩薩。必須要最好的，因為敬神如神在，正常情況下必須要有這個心態。損卦說「二簋可用享」，用兩個竹篾編的飯缽，就拿來敬神、敬菩薩，一般情況來說是不行的，所以，這裡又補充說「二簋應有時」，就是在「有時」，即特殊情況下才能如此。那麼，這個特殊情況是什麼呢？就是損卦行運之時。你自己什麼都沒有了，都損失完了，沒有好東西來敬菩薩了，那就可以拿自己吃飯的缽缽來敬菩薩。一窮二白了嘛，只要心意到了，菩薩也不會怪罪你的。這是在「損」的情況下，在沒有辦法的情況下，不得已而為之。如果你是個億萬富翁，自己穿金戴銀山珍海味，卻拿幾個饅頭香蕉就把菩薩供了，還說「二簋可用享」，那就太摳門、太說不過去了。

這裡「二簋應有時，損剛益柔有時，損益盈虛，與時偕行」，就是要看具體的時候，要與時偕行，不能隨便動不動就去損剛益柔，損下益上。「損益盈虛」，這是事物運動變化的基本規律。該損則損，該益則益，該你賺個金銀滿缽的時候，你就盡力去賺錢盈利，該你出錢出力、開倉放糧救濟災難的時候，你也要大方出手，不能眨一下眼睛。這都是要根據時節因緣而來，損益盈虛要隨時應變，這就是「與時偕行」。當然，最重要的一點不能變，就是「用享」之心不變。不管你用什麼器具、什麼供品來敬奉神明，都要內心「有孚」。只有對天道運行心存敬畏，對自然萬物心懷誠孚，這樣才會「无咎」、「元吉」、「利貞」。

《象》曰：「山下有澤，損，君子以懲忿窒欲。」損卦行運之時，「懲忿窒欲」就是我們的必修之課。前面舉了顏回「不遷怒、不貳過」、「有不善未嘗不知，知之未嘗復行」，這就是損卦行運之時，「君子以懲忿窒欲」的典範。

這裡我們再提醒一下這個「有時」的問題。損卦用時，不是指的平常之時，而是指的非常之時。「損下益上」，按理說一個國家領導人也好，一個單位領導人也好，一個部門領導人也好，你要去「損下益上」，一般情況下是不道德且有違常理的。你一個上級領導，憑什麼把下級員工的利益損失了，來維護你上級領導的利益呢？一般情況下是不行的，甚至

會引起內亂，引起底層造反。但如果是處在非常時期，那就不得不如此了。

這一陣全球鬧金融危機，就是損卦行運之時。你的企業要想生存下去，怎麼辦？不得不裁員，對不對？現在好多企業裁員，非常時期，不得不損下益上，這是權宜之計，咬咬牙以圖渡過難關。這個時候你不能去損上益下，把董事長裁了，總經理裁了，可不可能？那你這個企業就完蛋，一點翻盤的機會都沒有了。

在戰爭時期更是如此，保衛中央首腦那是重中之重，就跟下棋一樣，遇到危險的時候，就必須要走舍車保帥的險棋，不然的話，你就全盤皆輸，沒有任何起死回生的辦法。再比如有人到野外去探險，突然被毒蛇咬了手指頭怎麼辦？前不著村後不著店，又沒有急救抗蛇毒的藥物，稍微猶豫就可能會喪命。有些果斷的人，心一橫乾脆把手指砍掉，這條小命就保下了。這也是「損下益上」，損掉手指保全性命，沒有辦法，非常時期要行非常之法。

三個和尚沒水吃

學易貴在學活，仁義禮智信也並不是死板一塊，要「與時偕行」才不會變成一介腐儒。《易經》講變化，它的基本原則不變，但是這個不變的基本原則，永遠是在不斷變化的客觀世界中體現的。永遠要記住這個「時」字，「損益盈虛，與時偕行」。我們學習損卦，要和益卦的內容互參。在正常情況下，在太平時節，還是應該「損上益下」，這是益卦的特點，後面講到益卦時我們再細說。

《繫辭》下面引用損卦的六三爻辭：「三人行則損一人，一人行則得其友」。三人行，本指下卦三根陽爻，但第三爻變為陰爻，所以說是「損一人」。同時，損下而益上，六三與上九為一陰一陽，相互呼應，即所謂「一人行則得其友」。俗話說「一個和尚挑水吃，兩個和尚抬水吃，三個和尚沒得水吃」，一個和尚挑水有點累，兩個人抬水正合適，三人在一起，就要挑起內鬥，拉一打一了。所以，「三人行則損一人，一人行則得其友」，實際上是一個用人原則，不外乎「損一餘二」或「得一成二」，這樣才好

辦事。

不管是「餘二」也好,「成二」也好,這就跟前面「天地絪縕,萬物化醇,男女構精,萬物化生」聯繫在一起了。天地為二、男女為二,要生成自然萬物,就需要一陰一陽合二為一的過程。如果是「三」,一男一女之間還有第三者插足,那就麻煩了。再比如合夥做生意,兩個哥們兒合夥,問題不是很大,反正一個作主,一個作輔;如果是三個哥們兒一起做生意就麻煩,往往有人就要拉一個打一個,就要搞出矛盾來。

「三人行則損一人,一人行則得其友」,其宗旨就是為了達到陰陽平衡,達到合二為一的結果。這就是「言致一也」。我們前面也講到「天下之動,貞夫一者也」,最終目標還是要得一。所謂「但得一,萬事畢」,三人行為什麼要損一人?一人行為什麼要得其友?都是為了致一也。

君子之交的三大原則

下面一段就把益卦點出來了。剛才我們學習了損卦,也說要與益卦相互參照、對比,那麼,現在就要學習這個益卦。

子曰:「君子安其身而後動,易其心而後語,定其交而後求。君子修此三者,故全也。危以動,則民不與也;懼以語,則民不應也;無交而求,則民不與也;莫之與,則傷之者至矣。」易曰:「莫益之,或擊之,立心勿恒,凶。」

「子曰:君子安其身而後動」,我們生而為人,首要的問題,是身心先要得安,安其身也就是安其心。《大學》裡面講修學步驟:「知止而後能定,定而後能靜,靜而後能安,安而後能慮,慮而後能得。」這個「安」是處在中間的樞紐地帶。你只有心安了以後,你才能夠慮,才能考慮去做事情並有所成就;而前面的「知止」、「定」、「靜」,都是為「安」而提出的,目的還是為了心安。一個人要真正做到安心,確實非常不容易。我們看《論語》裡面,孔夫子的弟子之中,真正做到安心的,還是只有顏回而已。「一簞食,一瓢飲,居陋巷。人不堪其憂,回也不改其樂」,在那麼個惡劣的環境之下,吃了上頓沒下頓,住的是貧民窟,其他人都

很為他擔憂難過，但顏回自己很快樂，這就是心安的一個表現。顏回是「七十二賢人」之首，其實別無長處，就是心安而已。

儒家的全套學問，無非就是「修己治人」四字而已。修己，修養自己的內在道德；治人，就是為民服務，調理社會人倫。你能夠心安，那說明你在修己方面，基本已經達標了，剩下的就是去服務社會、服務大眾。全部的佛教，也可以用「自度度人」這四個字來概括，你心安了，基本就完成「自度」，按禪宗的說法，可以算是開悟了。二祖找達摩，他求個什麼？就是求個安心嘛！為了求安心法門，二祖把自己的手臂都砍下來了。你真的心安了，心安就是開悟，開悟了以後，剩下的工作就是度人，去普度眾生。「君子安其身而後動」，你要想做事情建功立業的話，自己修養心性，安養身心，這是一個基本前提。

「易其心而後語」，易，就是交易，人與人之間相處，你能不能夠交易其心，這是一個關鍵。我們在座各位與人相處，估計大多數人都交不出心來，或者只能交出一小部分。為什麼呢？因為我們有隱私雜念，不願意別人看到。不能易其心，我們與人交往，跟人說話，效果就要打折扣。孔夫子說：「君子坦蕩蕩，小人長戚戚」，我們心懷坦蕩，清楚透明，一望無餘，那就能夠與人交心易心，其語言舉止就會很有分量，為人也會很有親和力。如果懷揣一個戚戚小人的心態，成天小肚雞腸，盡打的是自私自利的小算盤，生怕別人看破他的心思，這怎麼可能交心易心啊！你不能將心比心，以心換心，那別人對你也會處處設防，不敢真正相信你、信任你。

「定其交而後求」，我們有求于人時，必須先要有穩定的交情。波師兄要借錢辦事求人，首先就會想到劉阿舅、李神仙這些人，因為我們有交情，我們是師兄弟啊！如果沒有這個交情，即使是隔壁鄰居，也不好辦。國家之間更是如此。中國跟美國要建立什麼夥伴關係，跟法國又要建立什麼夥伴關係，跟俄羅斯又要建立什麼夥伴關係……說白了，目的還不是大家有事情的時候好互相幫忙，比如共同處理世界的經濟危機，共同處理世界的政治危機，共同處理世界的環境、能源危機，等等。朝鮮出了問題，「六方會談」要中國來當主持人，來牽這個頭，為什麼？中國跟朝鮮有傳統交情啊！要是美國人來出這個頭，人家朝鮮就不跟你玩。「定其交而後求」，不管人際交往也好，團體交往也好，國際交往也好，這個都是不能違背的基本原則。

「君子修此三者，故全也」，所謂君子修養的全套功夫，就在這三點上。首先是身安，身安即心安，這是你的內在修養、內在證量。接著是易心，你內在的修養要顯示出來，拿給大家看，大家才相信你，你才能夠普度眾生，兼濟天下。你由內而外，建立起穩定的社會關係，是為定交。有了這個前提，大家才能夠互相幫助，整個世界才會和諧共存。所以，有了這三個方面的功夫，君子的德行修養才算完美。

下面幾句是對上面觀點的反證。「危以動，則民不與也」，你自己本身都朝不保夕，按四川話說是「霉得起冬瓜灰」，這種情況下你要跟別人一起做事情，人家信不信你？肯定不信，更不會跟著你倒楣。「懼以語，則民不應也」，你自己說話沒有底氣，或者你用強制性的語言跟人家說話，也不會得到別人的回應。「無交而求，則民不與」，沒有什麼交往，你求人家也沒用，除非遇到菩薩發善心。「莫之與，則傷之者至矣」，如果你三方面都做不好，就沒有誰會與你交往，遇到困難時沒人幫你，那就很危險了。

益卦，太平時節的雙贏之道

「易曰：莫益之，或擊之，立心勿恒，凶。」這裡引出了益卦上九爻的爻辭作為證據，來證明上面的「子曰」。我們還是按照慣例，把益卦先作一個全面的分析。

 益卦

《益》：利有攸往，利涉大川。

《彖》曰：益，損上益下，民說无疆。自上下下，其道大光。利有攸往，中正有慶。利涉大川，木道乃行。益動而巽，日進无疆。天施地生，其益无方。凡益之道，與時偕行。

《象》曰：風雷益。君子以見善則遷，有過則改。

從卦序上看，損卦過後就是益卦，損益互為綜卦，內容、說法也正好是相反。但是，面對損益二卦，如果我們處理得好的話，也都是很有

利的事情。

看益卦的卦辭：「利有攸往，利涉大川」。這裡的「攸往」，可以指上下卦之間、內外卦之間的這種卦氣的交流。損卦是陽氣由下到上，益卦是陽氣由上到下，流動很通順，于人很有利，大江大河也能平安渡過。

我們來看《彖辭》：「益，損上益下，民說无疆。」所謂的益，就是損上益下，就是損減上面以補益下面，比如一個領導人能夠把自己的利益分給大家，那當然老百姓就很高興了。「說」通悅；民說，就是老百姓很高興；无疆，那就是無邊無際，老百姓高興得沒邊沒沿。其實，「損上益下」最終也會益上，尤其在太平時節，領導者能夠把自己的利益給老百姓均沾，那麼你的地位肯定就會更穩固，這個社會更安定，你就能夠長治久安。所以，這個「損上益下」實際上是上下雙贏，當然最重要的是「民說无疆」，老百姓高興最好。「自上下下，其道大光」，這些語言用得很積極，氣宇軒昂。就卦象而言，「自上下下」，就是指九五陽爻有向下與六二相呼應的趨勢，以此調節全卦的陰陽平衡，這樣益卦之「道」就會大放光明。

「利有攸往，中正有慶」，我們看，為什麼損卦和益卦的卦辭中都有個「利」字？就是因為「中正」，中間都是連續三根陰爻。損卦中說「有孚」，中孚卦中間兩根陰爻，也是虛心誠孚之意，心空有孚才會有利。如果中間都是滿滿的，那心就被堵死了，就會不利。這是我們判斷卦象的一個基本經驗。「中正有慶」，中正即心中誠孚，自然吉祥有慶。「利涉大川，木道乃行」，涉大川，就是過大河，過大河而很有利，是因為「木道乃行」。益卦的下卦為震，為東方之卦，震為雷、為動、為木。震卦行運的時候，春雷一響，草木就開始生長，所以是「木道乃行」。

「益動而巽，日進无疆」，益卦是下震上巽，震一動是為下卦，巽風而入是為上卦。整個益卦給人的感覺，就是下卦一震一動，馬上就順風而入，給人日進一日、不斷向上的積極動態。「天施地生，其益无方」，天施，乾為天，上卦之乾施一陽入於下卦之坤中，故上卦因乾施而變為巽；地生，坤為地，下卦坤地因得乾施一陽，初爻變而為震卦。天施地生，就是損上益下，為此，自然萬物都得以均沾的這種天施地生的利益，所以是「其益无方」。

「凡益之道，與時偕行」，損益二卦之中，都有「與時偕行」這樣的提示，所以與時俱進、隨時而變是一個基本原則。我們學習《易經》，對

「窮則變，變則通，通則久」這些句子，要反復體會，尤其是在遇到具體的事情，走不通時就要求變，變通之後，日久則弊生，老毛病又會重現，在窮途末路之時又要再一次求其變通。損益之道就是這樣一種不斷「與時偕行」的輪迴過程。

益卦的大象辭說：「風雷益，君子以見善則遷，有過則改。」這一段可以與損卦的大象辭進行對照學習和體會。損卦行運之時是「損下益上」，這時候就要「懲忿窒欲」；而益卦行運時則是「損上益下」，這時候要「遷善改過」。對於「懲忿窒欲」和「遷善改過」，以前我們講得夠多了，這裡我們就不多講了。

不要一個人把好處占盡

「易曰：莫益之，或擊之，立心勿恒，凶。」為什麼這裡要引用益卦的上九爻呢？益卦上九爻的結果可是一個「凶」字啊！我們看這個卦，雖然是益卦，卦象整體上看是有益的，但是上九爻的結果恰恰是一個不好的結果。為什麼呢？

上九位居益卦之極高處，怎麼理解呢？獲利得益到了極點嘛！這時候肯定要變，極則要變，所以居益之極就會變，變了就沒有那麼多的益了。位居益之上九，你在那個最得利益的位置上，你把所有的利益都占盡了，別人怎麼辦？所以誰也不願意再幫你了，也沒有人能夠再來「益」你，所以，處益之上九爻位很危險。既然「莫益之」，沒有人願意幫助你，而你的利益又讓所有人都眼紅，那麼，當然就會有「或擊之」的危險，就可能會有人要攻擊你，要打土豪分田地。從卦象上看，益卦上九一變變為陰爻，上卦變為坎卦。坎為險，很危險啊！坎卦背後隱伏的離卦有刀兵之象，所以說「或擊之」，可能會遭到別人的攻擊。益卦從初爻發展到上九，窮極則變，即將變成另外一卦，所以是「立心勿恒」，這個「益」的局面已經沒有穩定性了，眼前數不盡的榮華富貴，但已經不能長久，利益將失，當然就心不能安，沒辦法保持穩定良好的心態。

所以，上面這幾個方面的問題一加起來，就出麻煩了。首先是高處不勝寒，已經沒人願意幫你了；接著有人開始打你的主意，想要攻擊你；

最後你自己也把持不住自己了，心也不安穩了，位置也快要坐不住了，當然就是一個「凶」字了得。

我們前面講了，君子所修不外乎三個方面：「安其身而後動，易其心而後語，定其交而後求」。那麼「身安」、「易心」、「定交」這些，都要有恒心才行，要有恒定、穩定的修為才行。身安，如果你今天身安而明天身不安，那你就免談；易心，你今天對人能夠坦坦蕩蕩，以心換心，但明天你又守口如瓶，掖著藏著，也不行。你要跟人交往同樣如此，要「定交」，不能一下子跟你好得很，一下又翻臉不認人，交往不能恒定的話，那就沒人願意理你。總之，所有這些修養，都要從恒定、穩定的角度來考慮。如果「立心勿恒」，即使是益卦，也有到了上九的時候，也會變益為凶。

下傳第五章我們就講到這裡。這一章中所舉的十個卦的十一條爻辭，講的都是我們在社會生活中應該如何立身、處事、做人。這一章我們講得非常細緻，對每一卦都作了全面的分析，應該說對我們的現實人生有很多重要的啟示。

第六章

乾坤　通往光明頂的大門

第六章　　乾坤，通往光明頂的大門

子曰：「乾坤，其易之門耶？」

乾，陽物也；坤，陰物也。陰陽合德而剛柔有體，以體天地之撰，以通神明之德。其稱名也，雜而不越，於稽其類。其衰世之意邪？

夫易，彰往而察來，而微顯闡幽，開而當名辯物，正言斷辭則備矣。其稱名也小，其取類也大。其旨遠，其辭文，其言曲而中，其事肆而隱。因貳以濟民行，以明失得之報。

——《繫辭下傳》第六章

不要曲解陰陽的意義

子曰：「乾坤，其易之門耶？」這一段，包括整個下傳第六章，立意都是非常精到的，這裡把乾坤二卦的重要意義再一次提出來。在《繫辭》裡面，我們已經多次講到乾坤二卦，是理解易道的門戶，是六十四卦中的父母之卦。上傳中還說到「乾坤，其易之蘊耶？」總之，《繫辭》中反復在提示乾坤二卦的重要性。

既然孔夫子都說乾坤二卦是理解、學習易道的門戶，如果你不重視對乾坤二卦的學習，學易就學不進去，就不能真正明白易道的核心是什

麼。乾坤二卦在我們精神修養當中的作用是非常大的。我們在上傳的第一章、第二章都詳細地講過這個問題。另外，乾坤二卦的精神還體現在《乾文言》和《坤文言》這兩篇文章裡，它是專門講乾坤二卦的意義的。大家學了這麼久的《繫辭》，對《乾文言》和《坤文言》應該是看得進去的，而且，本光法師在《周易禪觀頓悟指要》這本書裡，也專門對《乾文言》和《坤文言》作了一個比較詳細的評述，大家有時間也可以找來看看。總之，乾坤二卦的精神和內涵是學習易道最重要的敲門磚，大家對此要反覆體會。

「乾，陽物也；坤，陰物也。陰陽合德，而剛柔有體。以體天地之撰，以通神明之德。」這一段文字的含義，在近代被一些半瓶子醋的知識份子解釋得一塌糊塗。民國時期新文化運動的那一批知識份子，當時中國處於一種被西方列強欺侮的地位，因此其中有一些人的民族自卑心就很重，認為自己的傳統文化不如別人，然後也開始懷疑自己的文化傳統，懷疑自己的老祖宗。《易經》既然是所謂的「群經之首」，疑古當然要從這兒開始。他們用了一些西方的所謂民俗學、人類學的方法來套用到《易經》上，最後就說《易經》是原始生殖崇拜的產物，是從男女交媾中得出來的一套觀念。為什麼呢？在他們看來，這一段就是鐵證。乾是什麼東西？陽物也，男人的生殖器嘛；坤是什麼東西？陰物也，女性生殖器嘛！

實際上，這些人真正是一知半解，讓人又好氣又好笑！現在我看到有一些知識份子，有一些講《易經》的人，尤其是一些所謂搞社科研究、搞哲學研究的人，在注解《易經》的時候，對這一段的注解還是照搬郭沫若、錢玄同他們的這一論調，真正讓人覺得啼笑皆非。為什麼呢？因為在古時候，在先秦的時候，陽物和陰物並不是指特定的某個東西，更不是指特定的性器官，它指的是屬於陽性或陰性的一類事物。

中國古人對天地萬物，是要分陰分陽的，這是人類思維的基本特點，更是《易經》的基本思路和結構。太極生兩儀，兩儀就是陰陽，陰儀陽儀，世界上的任何東西都要分出陰陽來。我們不管隨手拿到一個什麼東西，首先就是要分陰分陽。實際上，事物本身是沒有陰陽的，但是古人要認識事物、理解事物，就必然要分陰分陽。所謂陰陽，也並不是有些人說的那麼玄，它就是對立統一的感覺。一個物體上為陽，下就為陰；前為陽，後就為陰，陰陽二性對立統一於同一個事物中。這是人類思維

的一個基本結構。有我就有非我，我為陽，非我為陰，這就是分陰分陽；看見一個人來了，是男人還是女人？好人還是壞人？這個人我是認識還是不認識？這也是一分為二，也是分陰分陽。所以對《繫辭》中這一句「乾，陽物也；坤，陰物也」，你必須要回到《易經》的語境當中來，才能夠正確理解。那麼，在《易經》的語境當中，是怎麼講這個陽物、陰物的呢？要理解這一點，就要從《說卦傳》中來看乾坤、陰陽的具體所指。

乾為天，為圜，為君，為父，為玉，為金，為寒，為冰，為大赤，為良馬，為老馬，為瘠馬，為駁馬，為木果。

坤為地，為母，為布，為釜，為吝嗇，為均，為子母牛，為大輿，為文，為眾，為柄，其於地也為黑。

——《易經·說卦傳》第十一章

《說卦傳》專言八卦所喻指的易象，對乾坤二卦所代表的陽陰二性的具體物象說得非常清楚。《繫辭》中的「乾，陽物也」，就是指乾卦所喻指的這類屬於陽性的具體事物。《說卦傳》中講得很清楚。「乾為天」，天就是陽物、陽性之物；「為圜」，凡圓環形的東西也是陽物，比如小孩子玩的鐵環、女人戴的手鐲等；「為君，為父」，皇帝君王、大人君子、為人之父，這些身份的人也是陽物；「為玉，為金」，在器物之中，玉器也是陽物，黃金也是陽物，等等。那麼，「坤，陰物也」，同樣的道理，坤卦所喻指的具體事物是些什麼呢？「坤為地」，地是相對於天來說的，天為陽物，地當然就屬陰物；「為母」，與父相對，母當然屬於陰物；「為布」，還有絲麻為布，我們身上穿的衣物，它有展布包裹的功能，也是典型的陰物，等等。總之，「乾，陽物也；坤，陰物也」，就是由乾卦所喻指的屬於陽性的事物和由坤卦所喻指的屬於陰性的事物。對於這些，《說卦傳》中還講了很多，大家自己找來看看，這裡就不一一列舉了。

如果要作考證的話，真正把陽物、陰物作為生殖器官專用，那是唐代以後的事了。在唐人傳奇裡面，也算是中國小說雛形裡面，因為寫到男女之事的時候，不想寫得太粗俗露骨，不得已就把《易經》裡面的現成詞語借用過來，以使故事寫得「雅」一點，不至於太傷風化。所以，不是因為「陽物」、「陰物」這個詞代表人體器官，古人才從男女之事中

受啟發，創立了《易經》的擬象體系。這個過程正好相反，是因為有了《易經》的一套詞語系統，後人才借用其中的現成詞語，來比喻男女之間的那點「雅」事。

所以，我們看民國期間那一批曾經叱吒風雲的學者們，因為對民族文化傳統沒有自信心的原因，盡幹些倒因為果的事情。在講《繫辭上傳》有關內容的時候，我也斗膽批評過這個事。總之，對於傳統文化的體認，差之毫釐，就會失之千里。

世界本來是一個整體

「陰陽合德而剛柔有體」，這裡的「陰陽合德」，就是陰陽二氣合而為一。話雖然這麼說，但是我一直在跟大家強調，乾坤二卦本來為一，陰陽二氣本為一氣。大家認識上一定要過這一關，不然的話，易術也許你可以鑽出點明堂，但要進入易道的境界，就不得要領了。

整個《易經》六十四卦是怎麼來的？可以說就是乾卦派生出來的。先立一個乾卦，它體現了事物的先天之性，那麼它的身上，自然而然要立出一個坤卦來。就像《聖經》中說上帝造人，只造了一個亞當，隨後從亞當身上就必然要產生一個夏娃來。有了亞當這個乾卦，又有了夏娃這個坤卦，父母之卦就會生子生孫，就產生八八六十四個不同的卦來。我們學易，對這一點一定要認識清楚，認識透徹才行。

學佛教的也是如此，一邊說空，一邊又說有。人們往往以為，說空的時候，就好像什麼都沒有；說有的時候，又以為只有桌子、板凳、杯子、碗筷這些看得見、摸得著的東西才是有。實際上，空、有就是一個東西，離了有就沒有空，離了這個形而下的器的世界，就沒有那個形而上的道的世界。世界是一個整體，就是《金剛經》中說的「一合相」，只不過我們人的理性思維為了認識世界，才產生了這些分別、這些概念。

關於乾坤二卦的感覺也是如此。比如我們拿一個硬幣出來，本身它是無所謂陰陽、無所謂乾坤的，它就是一個完整的硬幣而已。但是我們用它來打卦的時候，就把它的正面定為陽、背面定為陰，也可以說正面是乾，背面是坤。大家注意看，我現在把這枚硬幣在桌子上立著這麼一

轉，在它撲倒之前，它都是做著一個圓周運動，正反兩面在不斷交替變化。硬幣所轉的這個 360 度的圓周，它轉到哪個角度、哪個位置上，就可以一一對應於由乾（硬幣正面）坤（硬幣背面）二卦所產生的其它六十二卦。乾、坤、屯、蒙、需、訟、師……整個六十四卦就在硬幣轉動的不同圓周位置上表現出來了。但是，不管是轉到哪一個卦的位置，實際上就只有一個硬幣在轉，沒有乾，沒有坤，更沒有其它的卦。是因為我們想要認識這個硬幣的轉動規律，才把它的不同運動狀態作出區分。

所以，世界本來是一個整體，天人本一，因為我們認識上的需要，因為我們思維上的執著，才把這個天和人、人和自然分開了。我們的古聖先哲認識到了這個問題，天人是不能夠分開的，分開了人的精神就會出問題，所以就讓我們學習，讓我們修行，要我們回到這個天人合一的境界。實際上，哪是天人合一呢？實際上天人本一，本來就是一個東西！

在這一點上，學佛求道真正得道開悟的人，才能體證到「本來無一物，何處惹塵埃」的境界。本來無一物，世界本來就只是一個東西，這個東西是什麼樣子的？叫什麼名字？這個東西的樣子就是虛！名字就叫無！

我們這些沒有得道開悟的人，就會有執著，首先就會執著有個「我」，然後就會派生出一個「非我」，然後萬千世界的種種差別相，就由這個「我」和「非我」的基本概念產生出來了。我們說修行，修個什麼？就是要修這個「陰陽合德」，要合而為一，要齊物，要打破「我」與「非我」之相。我們說任何一個事物，都同具陰陽二氣。所謂同具陰陽二氣，實際上陰陽二氣就是一氣，一氣流行而產生萬物之體。我們的這個身體，世界上的各種物體，都是這樣形成的，所以是「陰陽合德而剛柔有體」。

撰寫山河大地

「以體天地之撰，以通神明之德」，天地之撰，是指天地乾坤的造化、造物功能。這個地方「撰」字用得非常好。撰寫，很擬人化，很有詩意，就好像天地乾坤是一個活生生的藝術家，是他拿起毛筆撰寫出了山河大地，撰寫出了這個萬千世界。

西方有句名言：「白紙上的黑字，象徵著人在宇宙中的位置」。這話非常好啊！人是白紙上的黑字，但這個字是誰寫上去的？本來白紙上是沒有字的，對不對？天地之間這些萬物，是誰把它弄出來的？誰把它放在這兒的？《易經》中答案很明確，就是大道，就是天地之撰，就是天地乾坤的造化功能。正因為它是如此之神奇，如此之高明，所以是「通神明之德」，也就是說造物主之德，都是通過「乾坤」這個易道之門而表現出來的。

　　我曾經反覆說過，《易經》裡面出現的「神」，都不要把它理解為外在的鬼神、神仙，而是要拉回我們的精神中來。神明之德，就是我們的精神之德，就是我們精神的光明作用，它能夠照耀萬物。照耀是個比喻，實際上就是我們精神的認識功能，認識就是照耀，就是「通神明之德」。

　　乾坤二卦的核心精神是什麼？就是我們這個神明。乾卦就是我們的精神之體，坤卦就是我們精神之用。乾坤二卦合起來，就是我們精神的本體和作用。

取卦名的方式

　　我們接著往下講，「其稱名也，雜而不越。於稽其類，其衰世之意邪？」從乾坤二卦開始，通過乾坤二卦的作用，產生了其它的六十二卦。那麼這裡的「稱名」，就不光是指的乾坤二卦了，而是指的由乾坤演化出來的全部六十四卦。它所反映出來的，是我們社會人生的種種情態。

　　《易經》六十四卦中的每一卦都有各自的特點、各自的意義，也體現出各自不同的範疇。易卦的變化看起來是非常複雜的，如果大家把六十四卦的卦名、卦辭背熟、記清楚，可能感覺還是比較麻煩，很費精神。我以前上學的時候就怕背書，後來學《易經》，最討厭的也是背這些卦名、卦序、卦辭。但是，如果我們有意識地在六十四卦上面下一點功夫，就會發現每一個卦的條理還是非常清晰的，每一個卦它所適用的範疇也很明確，並不雜亂。「雜而不越」，看起來乾坤、艮兌、震巽、坎離這些卦名天一個地一個的，好像沒有什麼規律性可循，實際上還是有規律的，並沒有犯規越位。

　　大家看《序卦傳》，它中間就有一定的規律性，它的卦序排列、每一個卦所取的卦名，也還是有規律性，並沒有出軌越位，而是各管各的轄區，井水不犯河水。

　　一般來說，《易經》六十四卦的取名有三種方式。第一種很簡單，就是把八個單卦的名字作為重卦的名字，乾坤、艮兌、震巽、坎離，與八個基本卦的名字重合。第二個取名規律，是用具體的事物來引申會意。這種情況下取的卦名比較多，比如地山謙卦，地在上，山在下，表明的就是謙虛的謙。本來山是高高在上，高高山頂立，本來大家需要仰望高山，高山仰止，但是謙卦是山在地下，體現的就是一種謙德。用這種方式取名的還有很多，比如說雷地豫，雷在地中，古人認為寒冬雷入於地中，春雷依時而出，是為早豫之意；天地否，天在上，地在下，不相交為否；地天泰，天地之氣相交而泰。還有第三種，是從《大象辭》中會意取名的，比如說大過卦，澤滅木，澤在上，木在下，水盛太過而淹沒了樹木，就是象形會意的感覺。

　　六十四個卦的卦名，絕大多數就是這樣來的，你理解了這些原則方法，確實就是雜而不越，涇渭分明，很清晰。

生於憂患的中華學統

　　「於稽其類，其衰世之意邪？」稽者查也，稽查、監查、考察。我們來考察一下各個易卦的內容和類型，就會發現有很多內容、很多描述，都指出一種衰世之相。為什麼是這樣呢？它跟《周易》形成時期的背景關係非常大。

　　過去說伏羲創卦，文王繫辭，周文王演出了六十四卦，又有說是周公寫的卦辭爻辭，最終形成我們現在看到的《周易》。那麼，在《周易》形成的時代，正好處於商代的末期，天下大亂，商朝的最高領導人荒淫無道，暴虐無比，老百姓的日子非常難過，非常辛酸，整個社會次序也是一片混亂，從貴族到平民都是人心惶惶的。周文王發揚易道精神，就是在當時這樣的社會情況之下，他所處的時代是商末衰世，用語言文字來闡述易道思想的時候，自然就帶著時代的烙印。周文王通過對衰世之

相的描述，以此警醒世人，從而扭轉世道的衰頹。周武王繼承文王的遺志，建立周朝之後，很快天下就恢復正常，進入一個新的太平盛世。這跟周朝的開創者們深研易道、深具憂患意識、對社會盛衰之變看得極其透徹有關。

我們看社會人世之間的盛衰之相，與《易經》的一陰一陽之道是絲絲入扣的。盛極而衰，衰極而盛，雖然人人都處在社會的盛衰之間，但唯有真正的智者，才能夠把握其先機。

中國的傳統文化可以說是世界上最具憂患意識的文化。過去有一種說法，稱老莊易三玄，均是「衰世之學」，的確如此，老子、莊子都是處在社會很動盪、很衰頹的時期，其留下的學問，自然也帶有衰世的氣息。《易經》的形成，文武周公的時代，同樣也是動盪的衰世。而儒家的這一套學問，孔孟之學，四書五經，還是在社會很動盪的衰世形成的，同樣是所謂的「憂患之學」。所以，這裡說「於稽其類，其衰世之意邪」，對於整個中華文化而言，也是大有深意啊！

稱名取類，彰顯往來

我們繼續往下面看：「夫易，彰往而察來，而微顯闡幽，開而當名辨物，正言斷辭則備矣。」這是對易道的一個贊辭。「彰往而察來」，就是能夠讓過去的經驗展現出來，同時又能夠體察未來的變化趨勢；「微顯闡幽」，就是能夠顯現出常人所難以理解、難以留意的一些細微的現象，同時還能夠把隱藏在現象世界背後的秘密闡發出來。

前面講「乾坤，其易之門」，把這道門打開了以後，《易經》八八六十四卦，就一卦一卦地展開在我們面前。這六十四卦各有其名，在它的名下每一個卦又各有其範疇，所以這裡說「開而當名辨物」。打開了乾坤之門，六十四卦產生之後，就能很恰當準確地把事物的內涵闡釋出來，讓其名副其實。比如說解卦，雷水解，今天成都的天氣就有點悶，人就有點不舒服，我們坐在這裡上課，還是想風一吹雨一下，人也能夠清醒一些。雷水解，剛才雷一打，雨一下，空氣就清新了，人的精神就爽朗了。這就是易卦「當名辨物」的感覺，非常準確到位。

「正言斷辭則備矣」，正言，不偏不斜，直言直語，方方正正，直言相告。《易經》各爻之辭，不管是吉凶悔吝，都直截了當地告訴你，吉就是吉，凶就是凶，明確了斷，不徇人情。不像我們在街上，在昭覺寺、文殊院外面那些打卦算命的，說的話牛都踩不爛，總之給你拐彎抹角，說一句看一下你的臉色，臉色一不對，馬上又給你轉一個圈，另說一套。但是易卦爻辭就不同，不論是皇帝來了，還是叫化子來了，你打到這個卦，吉就是吉，凶就是凶，悔就是悔，吝就是吝，無咎就是無咎，這些斷辭都是直截了當，絕不含糊。並且，易道的特點是以小見大，能夠類推衍化到天地之間的各種事物，類推衍化到社會人事的方方面面，無不含容，無不具備，所以是「正言斷辭則備矣」。

「其稱名也小，其取類也大」，稱名取類，是《易經》的一大特色。比如八個單卦，就分別代表一個類型的事物。通過一個卦象就能夠把相同性質、相同類別、相近特點的事物概括起來，這就叫稱名取類。《易經》各卦都有卦名，乾坤為天為地，當然很大了，但乾坤乃父母卦，父母為大，要避諱不言，而其它的卦名都是很細小的，很平常的，甚至有些微不足道的感覺，這就是「其稱名也小」。另外，每一卦中各爻的爻題，也都是非常具體、非常細緻的。這也是稱名，更體現出了易道的精闢幽深、細緻入微。其稱名雖小，但是其取類也大，它所包含的精神意義恰恰是非常廣闊、非常博大。

易道的稱名取類，不僅涉及到了具體的社會人事的種種範疇，更重要的是，它能夠涉入我們精神領域中的種種現象，能夠類比不同的精神層面，概括不同的精神範疇。我個人認為，《易經》最獨特的價值和貢獻也在這裡。

言曲而中，光明遠大

「其旨遠，其辭文」，易道之旨，當然是非常高遠和偉大的，同時《易經》所繫的文辭，也非常精湛優美，非常高貴典雅。我們慢慢品味就會有所體會，漢語中很多成語也是從《易經》中演化而來的。我們做文章也當如此，光有高深的精神內涵，沒有優美的文辭，是流傳不遠的；而

光有華麗的辭藻，內容卻很蒼白，也只能吸引一時之眼球。只有內容和形式都達到了很高的水準，才能成為傳世之作。我們這裡有搞文學的朋友，有作家、記者，「其旨遠，其辭文」就是寫文章、評價文章的標準。

「其言曲而中，其事肆而隱」。寫文章還要忌諱直白，好詩也以含蓄為美。其言曲而中，《易經》中的文辭就具有含蓄之美，有時候還會曲徑通幽，讓你轉一個圈以後豁然大悟。我們看有的卦，從卦名上看起來很不好，感覺比較凶，但是看後面的《象辭》，又有一些好的、激勵人的語言，比如困卦、大過卦等等。這是怎麼回事呢？一方面我們後人學易，由於年代久遠，語言文字上難免會產生一些誤區；另一方面，《易經》本身的特點就是以小見大，稱名取類，用一個簡單的卦象來類比社會人事的方方面面，如果沒有高度精湛、濃縮，乃至於抽象、曲折的語言，可能用多少字都說不清楚。更何況，《易經》的卦辭爻辭，本來短短的文字就要概括很多的意思。當然最重要的，是要我們從易卦之中，學會掌握自己的命運，學會在富貴窮達、貧困憂患的任何時候，都能素位而行，處之泰然。

所以，學習《易經》的人，需要有一種象徵性的思維方式，同時還要有舉一反三的能力才行。當然，一旦你深入進去了，把「稱名取象」的這一套思維方式熟悉了，運用起來就可以得心應手。如果真學得很精深了，那麼就可能言出必中，甚至達到料事如神的地步。

「其事肆而隱」，因為《易經》的卦、爻辭是在商之末、周之初形成的，是處於衰世之中，其中自然蘊含了很多的歷史經驗，尤其是借鑒了很多的反面人物、反面事件，比如犯上作亂的、忤逆不孝的、荒淫殘暴的等等。在《易經》的卦、爻辭裡面，往往都是隱去其事、隱去其名。這也是作為易道君子做人厚道的一面，做人要厚道，君子隱惡揚善。只要通過言辭說出這個事情，能夠達到警醒世人的作用就行了，具體是誰就不必明說，把人的心靈引向社會的光明面，而不是引向陰暗面、邪惡的一面。現在的媒體都喜歡報導一些名人、明星的糗事情，讓普通人感覺好像到處都充滿著醜惡、虛偽，看不到社會人生積極的一面，這實際上也是不好的。總之在宣傳上、媒體報導上，還是應該多弘揚一些主旋律的東西，把人性中好的一面、光明的一面、善良的一面發揚出來，要讓普通人對社會人心充滿希望，這才是一個君子應該做的事情。

「因貳以濟民行，以明失得之報」，為什麼說要「因貳」呢？損卦中

說「三人行則損一人，一人行則得其友」。不管是損一人也好，得其友也好，最終比較好、比較平衡的狀態，都是二。《易經》裡講陰陽之道，有了這種平衡的感覺，才能夠去做濟世利民的事。你發了大願，要兼濟天下，救民於水火，那就非要在陰陽兩面都有準備才行。西漢初年的時候，文景之治之所以能夠達到天下大治，後人總結當時的政策是「外示儒術，內用黃老」，儒家仁義禮智信這一套學問是非常光明的，屬於陽的這一面。外示儒術，那麼對天下百姓來說，就是樹立起仁義禮智信的精神典範。但是，另一面也不能忽略。黃老之術是指黃帝《陰符經》和老子《道德經》。為什麼要內用黃老呢？因為在當時的社會條件下，還是有很多社會矛盾，分封在外的諸王也時時不能安份，時時有作亂的可能，因此，要處理天下事，必須要有很全面的眼光和很高的謀略才行。

　　所以，「因貳以濟民行，以明失得之報」，在做人做事的時候，要對得與失、是與非、好與壞、成功與失敗等等的「二」，都要做好兩手準備。這樣我們做任何事情的時候，就有進退的空間，就能夠做到勝不驕、敗不餒，就能夠超越於得失之外。

第七章

九卦之德　修己治人的綱領

第七章　　九卦之德，修己治人的綱領

　　易之興也，其於中古乎？作易者，其有憂患乎？是故履，德之基也；謙，德之柄也；復，德之本也；恒，德之固也；損，德之修也；益，德之裕也；困，德之辨也；井，德之地也；巽，德之制也。

　　履和而至，謙尊而光，復小而辨於物，恒雜而不厭，損先難而後易，益長裕而不設，困窮而通，井居其所而遷，巽稱而隱。

　　履以和行，謙以制禮，復以自知，恒以一德，損以遠害，益以興利，困以寡怨，井以辨義，巽以行權。

——《繫辭下傳》第七章

憂患的偉大力量

　　我們來學習第七章。這一章是《繫辭》下傳中非常重要的一章，通過對九個卦的三輪解說，闡明了一個人在德業修養上的方方面面，一般稱為「九卦之德」，是易道人生觀的集中體現。

　　「易之興也，其於中古乎？作易者，其有憂患乎？」一般來說，《易經》起源於伏羲氏時代，但真正興盛起來是在中古時期，也就是殷商末年到周朝初期。這是中國古代對歷史時期劃分的一個大概的說法。這個時期，文王周公把易道發揮出來，奠定了周朝八百年的統治基礎，也奠

定了整個中華文化的基礎，使《周易》成為我們文化傳統中的核心經典。

我們以前說過，《易經》可謂是衰世之學，它的興起恰恰是在世道的衰敗之中，面對這樣的時代，聖賢君子們總是憂心忡忡的。「作易者，其有憂患乎？」周文王在商紂王的監禁之下推演易卦，寫作斷辭，的確是處在非常時期。周文王被囚禁在羑里，也就是今天的河南安陽，度過了七年的監禁生涯。周文王受到的這種監禁，還不同於現在判刑蹲監獄，坐牢就坐牢，刑滿了就可以出來，還有個盼頭。周文王可不行，刑期也沒個準數，誰知道商紂王會把自己關到什麼時候？而且隨時都有人監視，稍有怨言，隨時都有被殺頭的危險。商紂王的為人也非常歹毒，他下令把周文王的兒子殺了，做成食物給周文王吃。大家想想，周文王就是在這樣的條件下推演易卦，如果不是一個大聖之人，是不可能在這種殘酷惡劣的條件下，推演出偉大的《周易》。正是由於這個原因，《周易》中才處處流露出深重的憂患意識。

這部經典能夠傳之千古，福佑後人，乃至福佑整個中華民族，讓中華文明長盛不衰，真正是非常偉大。作易聖人的憂患，他不是為了自己的個人命運，而是為了天下蒼生，為了後世子孫。古人說「生於憂患，死於安樂」，中華文化內在的生命力，也恰恰是處於憂患的時代，處於災難最深重的時候，才能夠最大程度地爆發出來。

去年「512」地震的時候，那麼多人，有錢出錢有力出力，那麼多的志願者不顧危險到了災區服務，任勞任怨，很令人感動；還有那些倖存者們，在極端惡劣的環境中，被埋在廢墟中幾十、上百個小時都能挺過來，這也體現了中華民族本身所具有的頑強的生命力。這種生命力在文化的道統和法統中體現出來，能夠不間斷地傳承幾千年，並且在世道最衰微、最危險的時候，也能夠扭轉局面並且重新復興。這跟我們古代聖賢們在中華文化形成之初所深具的憂患意識有很大關係。所以，易道在中國人的心目中和精神中所潛藏的偉大力量，是傳承千古，生生不息的。

道與德，乾與坤

下面，作者就從履卦開始，引出了九個非常重要的卦來，以啟示我

們在德業修養上的次第和方法。

　　是故履，德之基也；謙，德之柄也；復，德之本也；恒，德之固也；損，德之修也；益，德之裕也；困，德之辨也；井，德之地也；巽，德之制也。

　　這裡為什麼要把具體的「九卦之德」單獨提出來呢？正因為處於憂患時期，所以易道對人的指導作用才顯得那麼重要；人們不願意讓自己永遠處於困苦當中，怎樣才能轉變這種從個人到社會的衰敗時運呢？就是要通過對易卦之德的學習，把易卦的道理推行於社會，通過人們自身的德行修養，使社會的機運轉變過來。後來的歷史也確實如此，周代八百多年的天下由此奠定。

　　大家想一下，八百年是一個什麼概念？美國這麼厲害，從建國到現在也才兩百多年的時間，我們中國一個朝代——周代，就是八百年。那麼，作為中國歷朝歷代享有統治最長的朝代，為什麼它會有如此綿長的福德？一家一姓坐擁天下八百年，這個可不是開玩笑的，確實是跟文武周公他們建國之初所制定下來的這一套文化傳統息息相關。

　　在德業修養上面，九卦之德的基本精神，就是用以對我們的德業修養進行考察，使大人君子在進德修業的時候有一個理論依據。同時，通過對這九卦之德的修養，能夠使我們對社會人事的方方面面，產生大機大用。

　　我們經常把「道」和「德」合在一起，作為一個詞來講，說哪個人有道德，哪個人沒有道德，等等。這裡我們要澄清一下，「道」和「德」在古代是有非常清晰的概念上的區分，這個區分就來源於《易經》，再說準確點，就是來源於乾坤二卦。

　　大家學《易經》這麼長時間，對「乾為天」、「天行健，君子以自強不息」，這些句子都耳熟能詳。這是體現的「道」的精神，也是乾卦的精神。在《易經》中，道是什麼東西？它是跟天空一樣廣大無垠，同時又無形無相，另外，它內部還有著一種生生不息、自強不息的精神。而「德」的精神則是體現在坤卦上，「坤為地」、「地勢坤，君子以厚德載物」。我們作為人，「德」是可修可證的，你的德行高不高，是可以由一個階段上升到另一個階段的，它是可以修養提升的。但是修與不修，「道」都沒有

絲毫改變。

雖然我們每一個人都是「道」、「德」同時俱備，但「道」是不增不減、不生不滅的，哪怕是一個十惡不赦的壞蛋，他同樣是在「道」中，同樣體現了「道」的全體運化；而一個聖人，在「道」的面前也跟一個螞蟻沒什麼區別，同樣是在「道」中，同樣體現了「道」的全體運化。但是一個聖人、一個賢人、一個小人，他在「德」的修養上面、境界上面就有差別了，聖人之「德」已經合於「道」，達到了這樣一種最高標準；賢人就稍微次一點，是德近於道；一些普通人乃至於小人，就是缺少「德」，或者無「德」。

所以，「道」和「德」在《易經》當中，是從乾坤二卦上面體現出來的。這裡的九卦之德，它是作為我們德業修養的一個依據，主要是為我們進德修業而專門概括出來的。下面我們針對具體的每一卦給大家做一個簡要的介紹。

我們說易卦，每一卦有它的卦德，它在社會人事當中，尤其是在我們的精神修養當中，是非常重要的。一個卦的卦德，從《易經》的卦辭、爻辭、彖辭、象辭的內容來看，它主要是體現在大象辭上面。我們看坤卦說「君子以厚德載物」、鼎卦說「君子以正位凝命」、艮卦說「君子以思不出其位」，等等。凡是大象辭中出現「君子該怎樣怎樣」的句子，都是其卦德的體現。那麼，對於學易君子，在社會生活當中遇到了哪一個卦所對應的現實狀況，那麼在自己精神方面，就要以這個卦的大象辭作為我們的行為準則、德業修養的標杆。

修德的根本所在

下面我們具體來看，「履，德之基也」，為什麼履卦是「德之基」呢？我們說君子德業的基礎在哪裡啊？就是腳下嘛，就在我們的行履之處！君子要進德修業，基礎在一步一個腳印的行履當中，在每一個行為舉止之中。我們看有些人，嘴巴上很會說，給人的感覺是修養非常高，如果他在行履上面，沒有向聖賢靠齊，那他就一點德業的基礎都沒有。為什麼呢？他沒有實際行履。所以我們認識一個人，既要觀其言，更要察其

行。

履卦。

我們看履卦的特點，卦辭很有意思，也很簡略：「履虎尾，不咥人，亨。」我們一看，腦袋裡馬上就出現了一個畫面，一個人一腳踩在老虎尾巴上了，這個多要命啊！很緊張、很害怕。但這個老虎像隻大貓一樣很乖，居然不吃人，所以小心謹慎，做事會順利。

我們看這個卦的結構，天澤履，履卦是上乾下兌，兌為金、為虎，我們張開大拇指和食指，這也是個「虎口」，如果用來擬象的話，我們這個虎口也可以擬一個兌卦。履卦中爻巽錯震，巽柔順、震為足，就像自上而下踩踏虎尾，但虎柔順而不傷人。那麼，把履卦的特點放在我們的德業修養上，作為我們的「德之基」，我們就應該隨時有一種踩到虎尾巴的感覺，要小心、要謹慎。乾卦九三爻動而變為履卦，乾卦九三爻辭說「君子終日乾乾，夕惕若，厲无咎」，每一天從早到晚都要非常小心、警惕，這樣就能「无咎」，不會有什麼過錯。這就跟「履虎尾，不咥人」是一回事。所以我們看履卦之德，可以跟乾卦九三爻進行互參。

順便擺個龍門陣。前些天準備到太極賓館去上課，因為宇菩薩搬了房子，時間還早，我就到他新搬的房子去看一下。結果剛一進門，就聽到腳下「啪」的一聲，踩著一個東西，心裡很不舒服。挪開腳來一看，是一尾金魚，我把肚子給人家踩爆了。哎喲，我當時心裡那個難受啊！因為宇菩薩在桌子上放了一個魚缸，養了幾尾金魚，其中有一尾蹦了出來，讓我一腳就給送西天了。

當時心中不舒服，念頭一動，馬上就起了一個卦，正好就是履卦的九四爻。履卦九四的爻辭是「履虎尾，愬愬，終吉。」踩到老虎尾巴了，愬愬，心裡很緊張的樣子，但是最後結果還不錯。這個卦爻很有意思啊！踩著的這尾魚，魚本來就論尾，而且這金魚身上是黃色的，體側還有黑杠，跟老虎皮毛很像。我就覺得很巧，正好就踩到了一尾金魚。你說現在到哪裡去踩老虎尾巴啊？陝西「周老虎」都是假的，哪有真老虎尾巴給你踩啊？但那天就真真切切有「履虎尾」的感覺。以前去太極賓館給他們的員工講《大學》，我老怕他們基礎不夠，不敢講深了，但是講淺了又怕效果不好，反正心裡一直懸著這事，輕鬆不起來，一直很小心，也很謹慎。結果那天晚上講課，效果居然很好，他們的員工拍著巴掌說，

以後能往高裡再講一點就更好了。

這事真是巧了，正好今天講到履卦，就給大家講一下我遇到履卦的感覺。「履，德之基也」，在自己的德業修養上，確實要有一種非常謹慎的態度，對自己內心的每一個念頭都要認真看護，它是一切修行的基礎，只有這樣，我們從精神上、行履上，才能夠體現出一個國學修行者所應該體現出來的精神面貌。履卦的大象辭上說：「君子以辨上下，定民志。」怎麼辨明上下左右？怎麼凝定民眾的志向？那麼就要從行履上、從行動上著手。我們看一個人的德業基礎厚重與否，看一個人的志向高低，就要從行履上看。

再看下面一卦，「謙，德之柄也」。

 謙卦。

德，實際上是在精神上、內修上的一種體會。我們怎樣判斷一個人德行的高低呢？我們說平常心是道，一個德行修養很高的人是不喜歡外顯的，他往往跟一般的人沒什麼兩樣，但是，他隱藏得再好，總是要露出點「把柄」來，那麼，這個「德的把柄」就是「謙」。一個人是否謙遜、是否虛心，這是有德之人必然要體現出來的。有德的人，為什麼為人很謙虛、很低調呢？因為他通過德業的修養，明白一個人面對天地萬物，是非常之渺小的；越是修養高的人，越會在大道面前馴服下來，對天地萬物充滿了一種敬畏、一種敬意。你對天道有了這種敬畏、敬意，你為人處事肯定就會謙和下來，就不會趾高氣揚的。

說老實話，人在無邊無際的天地面前，在無盡的時間、空間當中，生命確實就像古人說的「白駒過隙」。人生百年，就是一瞬間的事情，有什麼值得驕傲？有什麼本錢自以為了不起？不管是在傳統文化上修行的人，還是在社會事業上的成功人士，真正境界高的人，都是謙和有禮的。

所以，「謙，德之柄也」，謙卦初六的小象辭說：「謙謙君子，卑以自牧也」，大人君子一定會體現出謙謙之德來，他總是心甘情願地處在卑賤的地位上，總是善處於別人之下。為什麼呢？卑以自牧啊，就像放羊一樣，自己放牧自己，自己拿著一根謙虛的鞭子，抽打自己的精神，看自己哪兒有問題，就用這謙虛的鞭子來抽一下：你要謙虛點！今天是不是又驕傲了？有什麼值得驕傲的？所以「自牧」這個詞用得很形象，自己

放牧自己，自己用謙卦之德來調教自己。

恢復我們的本來面目

 復卦。

「復，德之本也」，我們講了這麼幾個月的《易經》，復卦是講得比較多的一卦，從消息卦上面，從十二個時辰卦上面，都在談這個復卦。我們現在談德業修養，還是談這個復卦。復卦的主旨是恢復，人的德業根本在哪裡？就在於恢復。恢復什麼東西？按照佛教的說法，就是恢復我們的本來面目。

釋迦牟尼出家求道，遍學九十六種外道，雪山苦行六年，最後在菩提樹下靜坐了七七四十九天，終於睹明星而悟道。他悟的是什麼道？釋迦牟尼悟道後的第一句話就說：「奇哉！奇哉！一切眾生皆俱如來智慧德相，唯以妄想執著不能證得。」一切眾生，每個人、每個生命，都具有跟如來、跟佛完全一樣的、分毫不少的智慧德相，眾生的本來面目，跟諸佛如來完全是一樣的，「心佛眾生，三無差別」。所以最關鍵的是什麼？是你要恢復這個本來面目。我們後天的妄想、後天的執著，給我們的本來面目抹上了很多灰塵，遮蔽了這個與諸佛如來分毫不差的光明德相，那麼，德業之本，就是要恢復，「時時勤拂拭，勿使惹塵埃」，讓我們光明的本來面目顯現出來。

復卦是一陽來復，其中講「反復其道」、「七日來復」、「復其見天地之心」等等，這些都是在教我們怎樣恢復自己的本來面目，恢復我們被後天所污染了的精神本體，讓先天的德性光芒重新發揮出來。所以，復卦是對我們德行之本、修行之本的一個提醒、一個啟示。

對德行善加護持

 恒卦。

「恒，德之固也」，我們前面說要恢復本來面目什麼的，這不是一句話、一堂課聽完了就能夠解決的。你明白了這個道理以後，還必須要持之以恆地修持，你的德業才能夠穩固，自己的根本才能夠牢靠。

前幾天，跟陳上師碰到一起聊天，在談到禪宗所說的開悟時，他打了一個比喻很形象。他說我們的心地可以比喻為一池清水，但上面有一層油膩，就是我們的煩惱。這一池心地之水本來是非常清淨、非常乾淨的，但是這一層油膩把它遮住了，使它不能與天空接觸。禪宗所謂的開悟，就是把一塊石頭丟進這個池子，一下子把這層油膩打開了，這一池清水就跟上面的空氣接觸了，哦，原來水面和天空是可以接通的。但是，如果你不持之以恆，這塊石頭一沉下去，水一靜下來，這層油膩又要合攏。所以在禪宗裡面，過去有「悟後迷」的說法，有些人以為一悟就了事，結果又再次落入迷惑之中。我們不要以為，開悟就是「頓」那麼一下子，好像一切問題就解決了。實際上，往往這才是真正修行的開始，最終你還需要持之以恆，還需要以一種非常穩定、非常穩固的力量，繼續在學修聖賢的道路上永不停息，直到把自己的煩惱習氣全部陶冶盡淨，才算真正了事。

我們大家學易，從去年九月份開始到現在，七、八個月的時間，如果你持之以恆地學習，真正把心用在對易道的參悟上面，到現在你肯定會找到感覺，你的體會跟幾個月前相比，肯定是大不一樣的。但是，如果三天打魚兩天曬網，今天來聽一點，明天又拋到一邊，一個月來泡一下、看一下，那麼你在對易道的學修上面，體會肯定就不如別人。恒卦的作用，就是把我們的德業穩固下來。不光是我們學修傳統文化、學佛修道這些，就是平常我們做任何一個事業、任何一個事情，你要想真正做好、做成功，沒有一個持之以恆的精神，也不可能的。

恒卦的大象辭說：「君子以立不易方」，一個君子卓然不群，高高山頂立，認準了自己一生的事業，就不會改變方向。一個人再聰明、再伶俐，如果缺少了這種「立不易方」的穩定性、堅固性，你說他有再高的境界、再大的學問，也都是靠不住的。風一吹，說不定就把他的信念吹散了；雨一淋，他的牆基也許就淋垮了。這樣的人就沒用。

學會損益之道

下面又說到了損卦，這九卦之德，我們在前面大多是具體講過的。「損，德之修也」，這就是我們德業修養的具體入手之處。前面說了「德之基」、「德之柄」、「德之本」、「德之固」，現在這個損卦，就是講我們應該怎麼修德。

 損卦。

修德要怎麼修？要靠「損」來修。當然，這個「損」不是讓我們損人，而是要我們損己。損己的內容是什麼？就是把自私的、貪欲的、七情六欲中種種不良的東西，都要把它損掉。

老子說：「為學日益，為道日損，損之又損，以至於無為。」做學問，每一天都要多多益善，你的學問越多，成就也越大，所以做學問要廣參多學。但是為道，你要想在道上行，要想把精神境界、德行修養提上去，那你的方法就只是一個「損」字。為道日損，要損到什麼程度呢？要把我們內心的貪嗔癡慢疑統統除掉，要把我們內心的七情六欲減損乾淨，達到一種空、淨、無的程度。我們平常念《金剛經》，經常念「無四相」——無我相、無人相、無眾生相、無壽者相。「無四相」最基本、最核心的一條就是無我相。「損之又損，以至於無為」，就是要損減到把對自我的執著、貪念，統統都要放下，達到「無我」的境界。

損卦的大象辭說：「君子以懲忿窒欲。」這就是損卦在我們的德業修養上所提出的要求。所謂修道的過程，就是把我們身心上的各種習氣、欲望清理乾淨的過程，真正要日損一日，損之又損。只有這樣，才可以說是修道上路了，不然的話，光嘴巴上說學道、修道，到頭來仍然一無是處。

 益卦。

「益，德之裕也」。損益之道往往是相輔相成的，所以講完了損卦就一定要講益卦。這個「裕」就是富裕、充裕，是說一個人體現出德業充

裕的狀態。也可以這樣解釋,「裕」就是人的精神、道德本身所具備的一種豐富性、一種自利利他的豐厚特性。自利,學佛求道肯定能夠自利,也就是完成自我在精神上的圓滿性、超越性,所謂成佛成聖得道,就是最高的自利。但你為什麼要成佛成聖得道呢?是為了普度眾生,自利是為了利他,自利利人,益己益人,自他不二。總之,這都是通過益卦來體現出「德之裕」。

把自利利他、益己益人的手段落到實處,就是益卦的大象辭所云:「君子以見善則遷,有過則改。」我們看這兒所舉出來的九卦之德,個個都是針對我們的精神修養而談的,尤其是九卦的大象辭,說得特別細膩。

這裡說見善則遷,我們看見好的就要去學,就要從內心中向人家看齊;有過則改,發現自己身上有毛病的地方,當下就要把它改正,不能放任自流。這是「益,德之裕」對我們在德業修養上的要求。

君子固窮,小人斯濫

困卦。

「困,德之辨也」,我們說一個人德行修養的高低、深淺,一般情況是不容易看出來的,但是患難見真情,往往處在困境、逆境之時,就能夠一目了然。所以「困,德之辨也」,處於困境之時,你就能夠辨別一個人的德行到底怎麼樣。

孔夫子說「君子固窮,小人窮斯濫矣。」一個真正德行修養很高的君子,他處於窮困之時,其操守是「固」,體現的是恒卦的精神,「德之固也」,他的德行是穩固的,是「立不易方」,不會被環境所左右,不會被環境牽著鼻子跑。但是一個德業修養很差的小人,如果他處在窮困的時候,「小人窮斯濫矣」,小人處在窮困之時,那他就不管那麼多了!對不起,我要吃飯,我要過好日子,我不願受困,那麼投降有好處就投降,變節能活命就變節,阿諛奉承能少受點罪就阿諛奉承,總之,能夠擺脫困境就不惜一切,所以是「窮斯濫矣」。要辨別一個人的好壞、認清一個

人的真偽，就是要在困難時刻，要在患難時刻才能見分曉。

　　大家在交朋友的時候，這些方面也確實要注意，平時大塊吃肉大口喝酒，個個都是拍胸脯的好哥們兒，但是真正你處在困境當中，你就知道所交的這些朋友，哪個是真朋友，哪個是酒肉朋友。雖然我們現在大多數人都處於順境之中，但也要考慮萬一到了困境時該怎麼辦？處困境當中，就更要使我們的德業穩固起來，顯出大人君子的高風亮節來。

鄉井養命，入世隨緣

井卦。

　　「井，德之地也」，一般對井卦的卦象、卦德瞭解不多的人，就會覺得有一點奇怪，為什麼德業之地，也就是德業生長的地方、德業實現的地方，是在「井」上面體現出來？我們來看一下井卦的卦辭，到底為什麼「井」是德之地？

　　井卦的卦辭是：「改邑不改井，無喪無得，往來井井。汔至，亦未繘井，羸其瓶，凶。」井卦的斷辭是一個「凶」，但是，這裡之所以說「德之地」，它體現的是卦辭前面幾句的內義。

　　首先「改邑不改井，無喪無得，往來井井。」古代人們聚集到一個地方，水源是非常重要的，如果是靠在江河邊上，這個聚集地的水源便不成問題，但是如果是在北方乾旱之地，有一口井那就太重要了。所以在中國文化裡面，「鄉井」這個詞有著很豐富的情感內涵。一個鄉村，一個人群聚居之地，肯定要有一口井。這裡說「改邑不改井」，就是說這個地方的名字、地名、村名可以更改，比如北京，以前也叫過北平、大都、幽州、燕京等名字。時代不同了，鄉邑的名字你想改就改唄，沒有關係，但是「改邑不改井」，水井的位置是不可能改的，水源是相對固定的，你改了井那就沒有水吃了。「無喪無得，往來井井」在這個鄉井之地，大家沒有什麼得失，來來去去的人都是為了汲取井水。

　　後面一句「汔至，亦未繘井，羸其瓶，凶」，汔，就是乾涸，如果這個井水乾涸了，你還沒有繼續去挖井，還把裝水的瓶子打破了，當然就

很不妙。

「井，德之地也」，比喻人的德行要如井一般深邃，同時還要不斷地深入挖掘，才能有源源不斷的活水出來。井為「德之地」，就是因為井水能夠養人，我們的精神之地，如果隨時有活潑的甘露滋潤，就能夠涵養我們的德行。

井卦的大象辭說：「君子以勞民勸相。」就是要讓老百姓勞動起來，互相鼓勵。大家要一齊動手，把水源保護好、把井挖好，不然沒有水吃了，大家就只有背井離鄉，到處去逃荒。我們在德業修養上面也是一樣，也要有「改邑不改井」的穩定性，也要像打井一樣打出活水來。井水能夠養民，德業則能夠養心，所以仁人君子都要「勞民勸相」，鼓勵大家好好保護自己的這個「德之地」。

「巽，德之制也」，巽卦體現的是德行的制度，或者說是德行的規範。制度本身就是拿來規範人的，德行要制度化，當然就是要限制、規範人的行為舉止。為什麼巽卦體現了我們德業修養上的秩序、制度呢？

巽卦。

巽為風，為木，為入，有順風而入的意思，體現出一種順入之理；它能夠通過像風一樣地透進來，透進事物的機理裡面去。君子修德，一定要隨順入理，順風而入就很好辦，很容易完成。如果悖離時勢，悖離禮法，所謂逆風而行、頂風作案，那就麻煩多多。

我們看巽卦的大象辭說：「隨風巽，君子以申命行事。」我們做事隨風、順勢而為，自然就會一帆風順；如果逆水行船，就很難把事辦成。「君子以申命行事」，這裡的君子能夠申命，當然是指大權在握的「大人君子」，他要發佈命令，推行政令，推廣德行，一定是要順風而行、順時勢而行。我們立身處世，也要隨順自己的時節因緣，在自己的因緣範圍之內，該做什麼事情就做什麼事情。我們學《易經》，反覆跟大家說要體會這個「位」。我們的「位」在哪裡？我們屁股坐在哪個位置上，就要把哪個位置上的事情做好。這也叫屁股決定頭腦。

巽卦所體現的，正是隨順時節因緣做事情的原則。佛教裡面經常說「隨緣消舊業，更莫造新殃」，我們在世間能夠隨順自己的緣份做事情，把自己該做的事做完，欠債還債、欠錢還錢，隨順時節因緣把這些世間

業債了掉，你自然就成為一個空空道人。

降龍伏虎的內在智慧

對於九卦之德，這一章裡一共講了三輪。第一輪的中心思想，是一個君子如何從「九卦之德」中尋找到自己進德修業的依據和內容。那麼，第二輪的九卦之德，就是講君子德行中所具備的內在智慧是什麼樣子的。我們具體來學習下面的內容：

履和而至，謙尊而光，復小而辨於物，恒雜而不厭，損先難而後易，益長裕而不設，困窮而通，井居其所而遷，巽稱而隱。

「履和而至」，如果真正把履卦的精神掌握了，那你在人世間、在自己的精神上就會達到一種和諧的狀態。從卦辭上看，既然你的腳都踩在老虎尾巴上了，這麼危險你都能保全性命，而且還能夠「有亨」、「有吉」，那麼你保持「和」的能力肯定就非常強。這種與內與外都能夠保持和諧的能力，是修行水準很高的一種體現，一般人做不到。

在《虛雲老和尚法匯》中記載，解放初期虛雲老和尚在南華寺住持，有一天半夜，外面喧鬧無比，有人喊：「老虎來了，老虎來了！」那個時候跟現在不一樣，虎被視為害獸，打虎的都是英雄，不像現在打死老虎是盜獵國家珍稀動物的犯罪行為。大家就打老虎，很多人拿著鋤頭、拿著火把去趕老虎，結果把老虎趕到南華寺來了。虛雲老和尚從房間裡出來，那隻走投無路的老虎就在屋外，見到老和尚就臥在那裡一動不動。虛雲老和尚把手放在老虎頭上，給牠摸了摸頂，然後又給牠授了三皈依，叫牠皈依佛、皈依法、皈依僧。授完皈依之後就對牠說：你老老實實躲遠一點，躲到沒有人煙的深山密林中去，別再讓人給發現了。那隻老虎沖老和尚叫了兩聲，就跑掉了。

這是真事哦！你們自己去找《虛雲老和尚法匯》來看，有很多人證明的。一個人的德業修養真正到了那種程度，就是「履和之至」。

虛雲老和尚一生的行履非常了不起！後人對他老人家的評價極高，正如他自己在「雲門事變」後寫的一副對聯：「坐閱五帝四朝，不覺滄桑

幾度；受盡九磨十難，了知世事無常」。據虛雲老和尚的弟子們說，幾十年從來沒有看見老和尚笑過一回，他老人家一輩子都是處在憂患之中。為什麼呢？世道這麼亂，佛法這麼衰微，人們的道德這麼墮落，怎麼笑得出來？近代的中國災難深重，不是鬧學潮搞政變，就是軍閥混戰，然後又是抗日戰爭，內憂外患，一個災難接著一個災難。虛雲老和尚經歷了那麼多的苦難，一肩挑繼禪門五宗，其一生的行履達到如此的高度，難怪在佛教之中被稱為「三百年來第一人」。一個人的德行修養真的達到了這種高度，身上透出來的祥和之氣，即使是像虎豹這些猛獸，見了都會服貼感化。

佛教中歷來都有「降龍羅漢」、「伏虎羅漢」說法，佛法確實是有這樣巨大的能量，這就是「和」的一種能力。如果我們大家在道德行履上，都能見賢思齊，提升自己「和」的能力，那我們這個社會就能夠長治久安，天下也就「履和而至」。

「謙尊而光」，我們前面講「謙謙君子，卑以自牧」，要把自己放到最卑賤、最卑微、最低下的位置上，但是，這裡又告訴你，一個人具有了謙德，他的內在智慧、內在精神恰恰是非常之尊貴、非常之莊嚴，彷彿日月一樣的光明普照。所以古人說「謙道乃光」，我們普通人能夠謙虛，恰恰就能夠維護自己的尊嚴，恰恰是最有光彩的。我懂就懂，我不懂就承認自己不懂，虛心向別人學習，這是很好的事。如果不懂裝懂，怕別人知道自己不懂，一旦被人戳穿了的話，那你這個人就顏面掃地，沒有絲毫的尊嚴可言。一個人有不如別人的地方，很正常，並不是什麼不好的事情。聖人都還有不懂的東西，天下之大，哪個人都不是完人。正因為如此，我們才要謙虛，越是高明的人往往也越是謙虛。這個謙德，正是大人君子德行光明的體現。

良知，恰在一念復生處

「復小而辨於物」，第一輪講了復卦是「德之本」，這裡為什麼說「復小」呢？我們說，《易經》六十四卦裡面，除了坤卦是純陰之卦以外，復卦的陽氣是最弱的，是一陽初生，一陽在下五陰在上。一陽五陰之卦還

有其它如謙、豫、比等幾個卦，但是其它幾卦的陽爻，都還處在中間或者上位，陽氣都還要足一點，就只有復卦是初九一陽初動，陽氣是最微弱的。從陽氣這個角度來說，復卦是最「小」的，剛剛過了坤卦純陰的時節，陽氣才露出了一點點苗頭。

雖然復卦陽氣最小，但是在我們的精神修養上，要恢復我們先天的圓滿德性，恰恰就要從小處著眼，從小處下手。過去常說「不以善小而不為，不以惡小而為之」。真正要說修行的話，越是細小的事情越是應該注意，所以，功夫貴在細行，要落實到我們精神的細微之處、行為的細節之處。

禪宗經常講念頭功夫，因為我們的精神現象，本來就是以一個一個的念頭作為基本單位構成的。一個一個的念頭生發出來，攪和在一起，就形成了一個精神現象。人的個體精神現象之所以會呈現出一種好的或者不好的狀態，完全是由構成它的這個基本單位、基本元素、基本細胞決定的。所以，決定我們精神現象的根本之處，就在我們一念初生之時。

把復卦的精神落實到修養上面，體現出來的就是「一念回機」，就是「一陽來復」。我們平常一個念頭生起之時，馬上就要提起覺照，關注它、看住這個念頭，看它到底是善念，還是不善之念，還是一個純粹的妄念。有了這「一念回機」的功夫，那麼我們就能夠把握住「一陽初生」時的這種生機，做事的時候自然就能夠胸有成竹，條理清晰，脈絡分明，也容易順勢而成功。如果我們習定入靜，這個「一念回機」的功夫也是妙用無窮，是把握和恢復我們先天本來的重要手段。在座的朋友中有喜歡打坐修定的，修定是什麼東西？就是通過念頭功夫培養我們的定力。你念頭功夫做得好，一念回機的功夫真做到家了，那你就堪稱大德高人；如果你念頭功夫不行，乃至於根本就沒法關照自己的念頭，坐地妄想打到十萬八千里以外了，你都沒有察覺，那你就是凡夫一個，就被念頭牽著鼻子跑。

說實話，我們八識田裡的種子是無所不包的，今天冒一個善念，哪兒需要救助一下，心頭一熱，馬上就去捐款；明天冒一個惡念，公司財務比較混亂，趁亂可以撈上一把，於是又去貪污公款。總之，善念來了跟著善念跑，惡念來了又跟著惡念跑，你自己沒辦法管理自己的念頭，善惡你都不能自己做主，那就什麼都免談了。

所以「復小而辨於物」，這一點很關鍵。我們平常能夠把握「一念回

機」之時，念頭一冒，馬上就能夠發揮出知善知惡的良知功能，把這些念頭分辨清楚，然後揚善止惡，懲忿窒欲。這就是復卦提示我們的德業修養的根本。

修德不離智慧心

「恒雜而不厭」，人心之所以不能夠守恒，往往就是因為心思太亂，雜念太多；我們做事業不能持之以恒做成功，往往也是因為我們雜事太多，太分神，這個事情要管，那個事情也要考慮，這個親戚的事情義不容辭，那個老鄉的事情也不得不應付一下，總之東一下西一下，就把你的時間全部折騰完了。所以，把恒卦納入我們的精神修養，就要求我們做一個有「恒」的人，能夠在德業修養上始終如一，能夠在人生事業上善始善終。不論是順境還是逆境，也不論人事圈子是簡單還是複雜，只要我們把這個心，真正是一門心思恒定下來，那麼「制心一處，無事不辦」，即使是複雜的事情也會變得簡單，困難的事情也會變得容易。「恒雜而不厭」，只要心守恒了，那麼外界的事情即使再多再雜再亂，我們心都不會亂。心不亂，什麼事情都好辦；如果你心亂了，那就煩惱叢生。

「損先難而後易」，這是我們做事情的一個訣竅。一個困難複雜的事情擺在那裡，怎麼辦？就要集中力量，先把最難的部分啃下來；最難的部分啃下來了以後，其它的部分就會順理成章，就會很容易。所謂「一鼓作氣，再而衰，三而竭」，我們開始做事、一鼓作氣的時候，精神力量很強大、精力也是很旺盛的，再困難的事情，都有信心和勇氣啃下來。如果是先易而後難，在那些相對容易的事情上就先把你的精氣神耗掉了，「再而衰，三而竭」，越往後面走事情就越難辦，就會越來越沒有信心，最後只有放棄了事。這是我們從做事情的角度來體會的。

從德業修養上來說，損卦大象辭說「君子以懲忿窒欲」，面對我們自己的精神，要管理好自己的七情六欲，管理好自己的喜怒哀樂，也是「先難而後易」。剛開始確實是很難，很不容易，你看禪宗裡面講的「牧牛圖」，剛開始這個牛不聽話，野性十足，一會兒去踩東家的菜地，一會兒又去吃西家的禾苗，總之很不聽話，牧童拿著鞭子趕半天也趕不回來。但是，

只要你不放棄、不懈怠，只要你把最難的這一關，把這個牛鼻繩給它套牢了，以後慢慢就容易了，到了最後，牧童就能騎到牛背上，能夠穩穩歸家。這是比喻我們調理心性的過程啊！剛開始確實不容易，念頭雜亂無章，但隨著我們在念頭功夫上的努力精進，真正功夫上路了以後，能夠隨緣任運了，就能夠像孔夫子說的「從心所欲不踰矩」。功夫修到了那種程度，我想做什麼就做什麼，想怎麼樣就怎麼樣，逍遙自在，無拘無束，但是隨便我怎麼想怎麼做，都不會違反規矩，都不會違反社會道德、社會法律。所以「損先難而後易」，也可以從這個角度來體會。

「益長裕而不設」，長裕，就是不斷地增長、不斷地充實自己的內在德性；不設，就是不加造作，不有意為之，不預先設計，能夠順其自然而日益增長。這是益卦所體現出來的內在智慧。我們可以與坤卦六二的爻辭互參：「直方大，不習无不利」，能夠做到很正直、很方正、心量寬廣博大；但同時「不習无不利」，並不是有意為之，不是每天都要把這個規矩、條例背一遍、複習一遍；最後的結果是無往而不利，能夠做到隨心所欲而不踰矩。這也是「益長裕而不設」的感覺。

「困窮而通」，它跟我們一般的經驗恰恰相反。我們一般的經驗，人處於窮困之時，往往是很難「通」，有個成語說「困獸猶鬥」，就是因為它不能通，被這個困境包圍了，它就四處亂闖亂碰，結果是雪上加霜。但是，一個真正有德業修養的君子，他處於窮困之時，就完全是另一種狀態。我們前面講過「窮則變，變則通，通則久」，一個在德業修養上面，尤其在易道上面有感覺的人，處窮困之時，他就曉得變化，哦，既然做事的方式碰了壁，遇到困難，我就變通方法來解決困難；前面有攔路石擋路，我就變通一下，繞道而行。

一個人如果在精神上處於一種困境，就更要學會變通。我們看很多精神上出問題的人，有些人憂鬱症犯了，到最後自殺，就是精神鑽入死胡同而不知變通。但是我們看很多高僧大德的傳記，往往他們在學道修行之前，也經歷過很多的困難，經歷過很多的坎坷，處處碰壁，走投無路，真正體會到人生無常、眾生皆苦的道理。這時候，突然心理狀態一轉變，變通一下，變換一種生存方式、生命方式，把世間的功名利祿統統放下，從自我的精神內部來尋找出路，最後找對了路子，成就了一番文化上、精神上的事業。這些高僧大德的生平事蹟，往往就是「困窮而通」的活生生的例子。所以，困卦的精髓，就在於處窮困之時而能夠通

達無礙。我們書院的創始人馮學成先生，文革時在監獄裡坐了八年，如此窮困到了極點，但就是因為有佛法、有傳統文化護體，處於窮困當中，反而把逆境當作閉關來修行煉道，困窮而通，結果八年之後出獄，精神境界更非從前可比，更上層樓，反而更加通泰了。

所以，處同樣的困境之時，君子與小人的感覺是完全不一樣的。孔夫子說「君子固窮，小人窮斯濫矣」，我們看現在的一些貪官污吏被雙規了，剛一進去就豎白旗，痛哭流涕，癱軟如泥。這個就是困窮而不通的小人行狀。

顯隱不離當下位

「井居其所而遷」，我們之所以要在這裡打井而不在那裡打井，是因為這個地方從地理、地脈的結構上來說，它是有水的，如果換一個地方打井就打不出水來。所以「井居其所」，人們生活就要靠井而居，要定居在這兒，要像井一樣有定性。井卦，首先體現的是「居其所」，提示我們要找準自己的位置，要定到這個位置上來，要「居其所」。但為什麼要遷呢？「井居其所而遷」，並不是說井的位置要東挪西動，而是說井的位置雖然是定在這兒不動，但是井的內部，源源不斷的井水它是活潑的，它是取之不盡、用之不竭、常有常新的。以井卦比喻我們的精神，那麼，首先我們就要給自己的精神定位，並且要有定性、定力，要八風吹不動；同時，我們精神的內容它又是非常活潑的，不能是僵化一塊，不能像一個水泥池塘裡的死水一潭。井水是活潑的，我們的精神也要像井水一樣，為有源頭活水來。

我們立身於社會生活當中，各有各的分工，各人都處在各自的位置上，這就是「井居其所」。但是我們的精神卻不能僵化，不能模式化，而是要有開闊的視野、廣大的胸襟，要有與時偕行、與時俱進的靈活性和生生不息的精神才行。所以，井卦的精髓，體現出一種靜而能遷的素質，是穩定性和靈活性諧調統一的典型。君子修德也要體現井卦的精神，既要有這種穩定性，也要保持一種鮮活的生命力。

「巽稱而隱」，稱，指稱謂。一個人處巽卦之時，要順風而行，順理

而入。我們看巽卦的大象辭說「君子以申命行事」，你要「申命」，當然要出師有名才行，這個「出師有名」就是「稱」的意思。所以，「巽稱而隱」，首先要正名，名實要相稱，你的行為、你要做的事情，首先要出師有名、出師正名。「稱而隱」，這個看起來很矛盾，你既要正名，但又要隱秘起來，不能大張其鼓、顯山露水，這是怎麼回事？這個分寸怎麼把握？其實，以巽卦的特點，體現的就是一種順風而入、隨緣任運、不著痕跡的行為方式。雖然是出師有名，但是同時也不顯山露水，能夠隱藏其德行。過去說「小隱隱於野，中隱隱於市，大隱隱於朝」，在朝廷裡面，在這個社會政治的核心層裡面，恰恰有很多修行最高的人「大隱」。他們藏隱在這一潭政治渾水裡面，你平常看不出來，好像生殺大權他們都掌握了，還不斷地推行這樣政令、那樣政令，但是實際上，他高超的德行是隱在背後的。他做事行令都是名正言順，所以是順風而行、順勢而為，絲毫沒有出頭鳥的感覺。一個人既能稱名而行，又能隱藏其德，就是一種非常高明的境界。

中國古代非常尊崇君子之德，你說某某人是一個君子，那就是對他非常高的讚揚了。如果在君子前面，再加一個「隱」字，說某個人是「隱君子」，這就是最高的讚揚！既是君子，又能隱藏其德，這樣的人確實非常了不起。現在我們愛說某人是「癮君子」，隱字加了這個病字頭就完了，就變成喝酒上癮、抽煙上癮、吸毒上癮的「癮君子」了，跟古人推崇的「隱君子」完全就不相干了。

我們讀史書，會讀到「隱士傳」、「高士傳」這些，其實高士就是隱士，隱士就是高士。「巽稱而隱」，就是把君子之德推崇備至，「大隱隱於朝」，既是隱者，同時手上還握有權柄，還能夠向天下推行君子之德業，這個境界就太高、太了不起啦！

九卦之德的大機大用

上面是對九卦之德的第二輪的敘述。下面我們來看第三輪：

履以和行，謙以制禮，復以自知，恒以一德，損以遠害，益以興利，困以寡怨，井以辨義，巽以行權。

我們通過對這一輪九卦之德的修學，就能夠體會到它在我們的精神修養中，會起到什麼樣的作用？會帶來什麼樣的結果？因此，這一輪可以說是講九卦之德的大機大用。

「履以和行」，前面就說了「履和而至」，你按照履卦的方式來修學，那麼和氣就能夠充滿身心，我們的身心充滿了和氣，那麼我們的人事關係、我們的外在環境也就會充滿和氣。所以「履以和行」，君子做事的過程中，到處都充滿了這種祥和瑞氣，自然就能夠與世界和諧相處，君子德業就能夠很方便地推行，做事就能夠做得很好。

「謙以制禮」，謙卦，謙謙君子，大家為什麼喜歡跟這樣的人打交道呢？就因為他是個謙謙君子，他身上體現出了這個謙德。我們「制禮」的一個原則，不管是古聖先賢也好，還是今天的社會禮節，其制定的基本原則，首先是「謙」，讓大家都要互相謙讓。禮者理也，在無「禮」的時代，大家沒有理可講，就是哪個打得贏就是老大，哪個牛皮吹得大哪個就厲害，這是野蠻人、原始人的叢林法則。真正進入了文明時代，人類有了禮法，互相之間，大家見面一拱手，或者一合掌，或者一鞠躬，體現的都是一種謙讓、一種和氣，這就是謙卦之德。「謙以制禮」，正是人類告別野蠻時代，進入文明時代的標誌。

「復以自知」，復卦有一念回機之用，所謂「如人飲水，冷暖自知」，我們的精神狀態，是不是走在恢復我們的先天本性、恢復我們本來面目的這條道路上？自己嘴說不管用，別人說也不管用，只有自己心裡知道。自己的先天之性到底恢復到什麼程度？自己的德業修養到底達到了什麼程度？這個也不是外表所能夠看得出來。不要以為坐在講臺上講的人，就比下面聽的人修養要高多少，這個不一定。我在這兒講的，實際上都是聖人之言，講的是聖人的思想，並不是我自己的修養就到了這個程度。我自己有幾斤幾兩，我自己心裡清楚；我修養到一個什麼狀況，我自己心裡也很明白。所以在精神修養這個事上，你能夠欺人，但不能夠自欺。復卦是「德之本」，就是要自知，要有自知之明。所謂自明而誠，人心的一念之誠，就是落實在自知上面；自知則明，精神保持清明而不自欺，那就達到了誠的境界。

復卦為什麼是德之本？就是它能夠讓我們達到自知、自明、自誠這樣的結果。

「恒以一德」，精神上實修實證的關鍵點，就是將萬法歸於一法，將

萬念歸於一念。古人說「但得一，萬事畢」，在修行過程中能夠「得一」，那大事了畢！持咒念佛的人，天天念「阿彌陀佛」，天天念「嗡啊吽」，你能夠念到一心不亂的程度，那麼往生西方極樂世界或者往生蓮師剎土就有保障了。這是佛教中的說法。四川人遇什麼事情，總愛問一句：「你整歸一了沒有？」歸一，就是把事情搞定了的意思，如果整不歸一，而是歸二、歸三，就是遇到麻煩了。所以，做事也好，修養也好，必須要歸一，要歸到這個「一」上面去。「恒以一德」，恒卦的卦德，就是要讓我們在任何事情上都要有恒心、有穩定性、有毅力，只有堅持不懈，最終的結果才能夠「一德」，才能夠「整歸一」。

「損以遠害」，我們把自己的貪嗔癡慢疑，把自己的七情六欲中不該要的東西都統統損掉了之後，自然就能遠離禍害。我們常說「光腳的不怕穿鞋的」，我把自己都損得差不多了，你要來損我，你又能損到什麼程度呢？我都已經「損之又損，以至於無為」了，我自己都完全空了、無了，你還能怎麼害我？你就害不了我嘛！「損以遠害」是一種很好的方法。我們看網上有些人鬥嘴鬥法，有的聰明人就把自己放在最低的位置上，先說自己什麼都不是，然後別人隨便怎麼損他，也都拿他無可奈何。但是如果一個人，只要他有一種身份感，以為自己是名人或者在某方面很了得，那麼別人故意刺你幾下、戲弄你幾下，往往一下子就跳得八丈高。為什麼呢？就是因為你不能損己。

「益以興利」，前面講「益，德之裕也」，表現出的是一種精神充實、德行豐裕的狀況。佛教中有「不讀華嚴，不知佛家之富貴」的說法。佛教往往給人們講空、講無、講放下一切，但是《華嚴經》卻反而講的是一個豐富多彩、洋洋大觀、世間無法比擬的法性世界。實際上，這個華嚴世界就是我們的精神世界。所以，人的精神世界之豐富燦爛，是世間一切所望塵莫及的。佛家擁有了這樣的豐富多彩、尊貴無比的精神世界，當然世間帝王將相的那點富貴是遠遠不能相比的。《華嚴經》上面講「一花一世界，一葉一菩提」，一個微塵裡面都能夠展現出三千大千世界。德行修養達到了這樣一種境界——益卦所體現的「德之裕」，當然就達到了極致的程度。我們德行修養、不斷充裕是為了什麼呢？為了「興利」嘛，修己是為了利人，按佛教的說法就是要普度眾生。

「困以寡怨」，窮困之時為什麼會減少怨恨呢？實際上，絕大多數人的內心深處，都有一種尢上憫下的情結。一般人看到那些權高位重的人、

高高在上的人、自傲自滿的人，自然就會產生一種對抗不滿的情緒；而看到那些身處困境的人、身世淒慘的人、貧病交加的人，自然就會產生憐憫之心。在「512大地震」中，我們看到了那麼多志願者、那麼多捐助者、那麼多愛心人士踴現出來，幫助那些受困的人，平時我們可看不到這麼多好心人啊！其實，有些人平常並沒有那麼多慈悲之心，並沒有那麼多仁愛之心，但是遇到大的災難，反而就激發了人們內心中的一念仁慈。所以，如果我們身處困境，也不要悲觀失望，要看到這個困境，正好可以幫助我們「寡怨」，以消除我們對外界造成的積怨。人都處於最困難的時候了，誰還忍心落井下石呢，對不對？你跟人有再大的怨氣，人家看到你的處境已經很艱難了，說不定心量一寬也就算了，過去不愉快的事，就一筆勾消算了。

「井以辨義」，我們說井卦之德是「居其所而遷」，是穩定性和靈活性的高度統一。井水一方面能夠靜守其位，能夠靜守其位就能夠鑒別、映照事物；另一方面，井水又是源泉活水，能夠常用常新。所以，我們的心如果能夠像清澈的井水一樣靜下來，就能夠照鑒一切；同時，我們的心能夠像井水一樣鮮活清新，用之不竭，那麼就能夠辨明是非，識別正邪，在善惡是非之間作出最恰當的取捨。

「巽以行權」，處順風順水之時，當然就是你最能夠行使權力、最好成就事業的時候。順風而入，你看到時來運轉、吹起順風了，那就趕快行動，做事就會事半功倍。「巽，德之制也」，要抓住順勢而為的大好時機，馬上制定出一些好的規章制度出來，迅速推廣，馬上執行。所以處巽卦之時，「君子以申命行事」，就是行使大人君子的權力、雷厲風行地推行新政的最好時機。

上面對九卦之德的三輪解說，可以說是一個君子修己治人的大綱。因為時間的關係，我們沒有辦法把每一卦的卦辭、彖辭、象辭、爻辭一一跟大家分析透徹。但是，我們前面講到許多卦象時，都跟大家很細緻地做過一些分析。大家可以借鑒前面分析卦象的方法，對這個九卦之德好好分析一番，根據上面提綱挈領的講解，再細細地品味每一卦所包含的內容。說老實話，儒家所說的修齊治平的全套東西，都已經包含在這九卦之德中了。

第八章

易道之要　唯變所適

第八章　　易道之要，唯變所適

易之為書也不可遠，為道也屢遷。變動不居，周流六虛，上下無常，剛柔相易，不可為典要，唯變所適。其出入以度，外內使知懼，又明於憂患與故，无有師保，如臨父母。初率其辭而揆其方，既有典常。苟非其人，道不虛行。

——《繫辭下傳》第八章

經不離手，變通活用

前面我們講了九卦之德，下面學習下傳第八章。這一章不長，主要是講了一些易道的基本規則，下面我們慢慢來講。

「易之為書也不可遠，為道也屢遷」，我們以前講過「易無思也，無為也，寂然不動，感而遂通天下之故」，易道所體現的是天地之間至廣至大、生生不息、無形無相、無所不通的根本規律。這裡說「易之為書」，就是我們遠古聖人悟到了易道的這個根本規律，然後為了遞相傳授，把它寫成了文字書籍，其主要內容，就在《易經》當中的卦辭、爻辭、彖辭、象辭這些裡面。

《易經》所繫各辭，主要是從社會人事變遷的角度，來表達出天道與人道、自然性與社會性之間的統一。所以，這樣一本書對於古人來說，

那是非常重要的。尤其是古代印刷術不發達，得到了《易經》的傳承，得到了《易經》這部書，那真是稀有難得的寶貝，隨時都要帶在身上，不能遠離。為什麼呢？因為學易君子隨時要觀象玩辭、觀變玩占啊！人們要通過《易經》來觀察社會人事的變化，即所謂「彰往察來，顯微闡幽」，使我們能夠在社會生活當中知時節、識因緣、通變化。所以，我們大家學易，也不要當成熱鬧聽，聽完就拉倒。大家也要經常把《易經》帶在身邊，「易之為書也不可遠」，要經常翻一翻、玩一玩，因為它是既能夠指導我們的精神修養，同時又能夠指導我們的社會實踐，另外還有很強的娛樂功能啊！所以對古人來說，這部書可以說是一個不可遠離的寶貝。

「為道也屢遷」，雖然我們可以把《易經》這部書抱在手上、放在身上，一分一秒都不離開，每一個字都倒背如流，但這樣你就精通易道了嗎？未必！易道可不是死死板板的一塊，你就是把書背下來，想照貓畫虎，也是不行的。「為道也屢遷」，易之為道，本身是不斷變化、生生不息，用今天時髦的話來說，就是不斷地與時俱進。所以後面接著說它是「變動不居，周流六虛」。

如果從大的概念上來說，易道的變動當然是與天地萬物的變化相一致的，但是我們落實到《易經》這部書上來說，落實到具體每一個卦，它也不是死的，也是「變動不居」、不斷變化的。我們經常說，定好的事情卻變卦了、煮熟的鴨子卻飛了，等等，這就說明世上的任何事情都有變數。

易卦也是要變的，怎麼變呢？這就有一系列的易卦變化的原則。歸納起來無非是三種：第一種就是錯卦，我們把本卦立在那裡，從這個本卦的反面來看它可能的變化，這就是錯卦之變。第二種變卦是互卦，一個卦的內部也會發生變化，二三四爻重組成一個下卦，三四五爻再重組成一個上卦，那麼這個就是互卦之變。第三種變卦是綜卦，我們一般看易卦都是從下卦看到上卦，從初爻看到上爻，但綜卦就是反起來看，從第六爻往下看，所以正好跟本卦是一個顛倒。我們平常判斷事情也是如此，既要從因推到果，有時候也要從果推到因，這樣才能夠全面地瞭解其間的利害得失。這裡是通過幾種卦變的規律來說明「變動不居」的道理。

「周流六虛」，這個就有點玄了。周嘛，就是周遍一切、囊括一切，

也有周而復始、不斷輪迴的感覺在其中；流，天地之間都是一氣流行而化生，世間萬物的生生滅滅、生命之流的循環往復，都是一種流動變化、永不停息的過程。六虛呢？一般的意義上講，它是古代空間的概念，以自己為中心，向東、南、西、北、上、下六個方向發散開去，完全是無盡的虛空。六虛有時又稱六合，它是通過方位的敘述來表達整個空間的概念。周流六虛，就是講易道充盈於整個宇宙空間，其生生不息之力，在宇宙萬物之中永恆地流動，永不停息。

當然，把「周流六虛」這個概念落實到具體的易卦上體會，這個六虛，就可以指一個卦的六爻。我們說易卦的變化，除了前面的卦變之外，還有爻變，即六爻的變化。六爻變化也是一個不斷流動、不斷循環往復的過程。我們以前講過十二消息卦的變化規律，實際上就是對「周流六虛」的一個非常精確的注解。

下面一句「上下無常，剛柔相易。」上下無常，可以理解為一個易卦它的上卦和下卦的變動也是無常的，有時候下卦變到上卦來，有時候上卦變到下卦去，有時候是天地否，有時候又是地天泰。當然也可以從一個卦的爻變來看，每一爻的變動也沒有定數，要視各種因緣的影響來決定。剛柔相易，陽陰二氣在同一個卦中也是互相轉換不停，有時候陽一動變陰，有時候陰一動變陽。

進退有度，如有神護

上面這些都是講易道的無常變化。雖然說「易之為書也不可遠」，但是這裡的結論是「不可為典要，唯變所適」。雖然我們學習《易經》，六十四卦的卦序、卦名、還有卦辭這些都要背下來，這是學易的基本功。但是，我們也不能拘泥于書本上的教條，而是要靈活運用，根據實際情況的變化，根據自身所處的位置，作出一個最恰當的判斷。

那麼，「唯變所適」要達到什麼樣的狀態，才算是最恰當的判斷呢？那就是要我們「出入以度，外內使知懼，又明於憂患與故」。

學《易經》的人，如果你真正嘗到滋味了，那麼我們行為處事，不管是進也好、退也好，所謂「窮則獨善其身，達則兼善天下」，總之在做

事的時候，就會「出入以度」，有分寸感，恰如其分，成竹在胸。因為易道變化是天地人事變化的一個法度、一個根本的規律，所以面對易道的法度，我們自己也要做到心中有度。掌握了這個度以後，還要「外內使知懼」，無論是外出做事情，還是回到自己的根據地自處自守，內外都要非常警惕。

我們反覆講乾卦九三爻，「君子終日乾乾，夕惕若，厲无咎」，要有這種早晚警惕、一日三省乎己的態度。履卦中也體現出了這種「外內使知懼」的精神，「履虎尾，不咥人，亨」，要有踩到老虎尾巴的那種警懼之感，隨時要非常小心，非常警覺，真正有一種「如臨深淵、如履薄冰」之感。為什麼要這樣小心謹慎呢？「又明於憂患與故」，是因為明瞭世間的無常、人生的憂患，所以要「外內使知懼」。按照佛教《法華經》裡的說法，那是「三界無安，猶如火宅，眾苦充滿，甚可怖畏」。因為知苦畏苦，才會尋求出離苦海，才會勤修六度般若波羅蜜，以此渡過茫茫苦海，抵達解脫的彼岸。

「无有師保，如臨父母」，我們做到了上面這些要求以後，對易道就有了相當深刻的認識和體會，這時候雖然沒有老師教你，你也能夠自學成才，無師自通；雖然沒有保護人、監護人，你的背後沒有靠山，但你也能夠安而不危，趨吉避凶，就像有父母在跟前呵護著你一樣。

漸入佳境，道不虛行

「初率其辭而揆其方，既有典常。苟非其人，道不虛行」。這幾句是講易道的修學次第：首先要認真學習《易經》當中的卦辭、爻辭，從諸辭開始學習。《易經》有「經」有「傳」，我們之所以首先把《繫辭》拿來跟大家學習，因為它是一塊敲門磚，你要想學好《易經》，就必須要從《繫辭》入手。學完《繫辭》以後，你再學習乾坤二卦，再學習《說卦傳》、《序卦傳》等，那麼整個《易經》的核心、易道的規律，就基本上能夠掌握了。

上面是一個學易者通常的路數。「初率其辭而揆其方」，你先從《易經》諸辭中去參悟，逐漸就能夠把握、揣測到易道的基本方向、基本原

則。通過學活學通，漸漸進入到學修《易經》的高級階段，就像我們前面講過的，要達到「神而明之」、「默而成之」、「不言而信」這樣的境界。當然，一般人學習《易經》，可能瞭解一些基本的道理就打住了，再難以深入進去了。如果真正能夠達到「神而明之」、「默而成之」、「不言而信」的境界，那已經屬於人中龍鳳，必須是非常之士才能達到這樣的境界。

所以，「苟非其人，道不虛行」，你如果不是這樣的上根利器，那就很難與道同行。邵雍《觀易吟》最後的兩句是：「天人焉有兩般義，道不虛行只在人」，大道運行，只在得道之人身上體現，要想使大道不白白運行，就要看這個人是不是真正的得道之人。對普通人而言，大道是「日用而不知」，雖然天天不離分毫，既然不知，就沒辦法把大道的運行展現出來。

當然，「苟非其人，道不虛行」，主要還是為了激勵後人學修易道而言，並不是說只有天生聖人才能夠學通易道，我們普通人就沒有這個指望。誰敢說自己是天生聖人？孔夫子都說自己不是天生聖人，自己是「學而知之」。其實，你真正一心一意地學習，就像我們上次講的九卦之德，你只要擁有恒卦的精神，每個人都能夠學好。關鍵是我們能不能夠具備這種精神？是不是能夠一志凝神，把我們的志向凝聚在對大道的追求上來？你能夠有這種恒卦的精神，有這種一志凝神、一心向道的決心，那麼我相信每個人都能夠學通學精。不然的話，哪怕你再聰明伶俐，也僅僅只能學一個毛皮而已，不能真正與易道同行。

第九章

爻位風雲　探求陰陽始終

第九章　　爻位風雲，探求陰陽始終

《易》之為書也，原始要終，以為質也。六爻相雜，唯其時物
也。其初難知，其上易知，本末也。初辭擬之，卒成之終。若夫雜
物撰德，辨是與非，則非其中爻不備。噫！亦要存亡吉凶，則居可
知矣。知者觀其彖辭，則思過半矣。二與四同功而異位，其善不同；
二多譽，四多懼，近也。柔之為道，不利遠者；其要无咎。其用柔
中也。三與五同功而異位，三多凶，五多功，貴賤之等也。其柔危，
其剛勝邪？

——《繫辭下傳》第九章

時義，易道學修的關鍵點

下面我們接著講《繫辭》下傳第九章。這一章也非常重要、非常實
用，涉及到對易卦爻位的判斷原則，對我們具體認識易卦爻位的不同性
質，有非常重要的啟示。

前一章講「易之為書」，是對《易經》這本書的總體把握，指導我們
如何一步一步深入學習，使我們「出入以度」、「外內使知懼」，乃至於達
到「道不虛行」這樣一種最高境界。那麼這一章裡，「易之為書」就講得
非常具體了，講到了具體的易卦爻位，對我們分析易卦、解釋易卦、認

識易卦起到很大的作用。

「易之為書也，原始要終，以為質也」，把易卦用筆墨書寫出來，從初爻到上爻，這六個位置，它的每一個變化、每一個步驟都要清清楚楚、明明了了才行，要清楚它是怎麼一步步發生變化的。這裡說「原始要終，以為質也」，就是自始至終，要全面認識、全面把握。易卦六爻是一個整體，體現了一個易卦的本質特性、總體特徵。我們有時候打卦，一個卦打出來以後，中間出現動爻，往往就只看動爻的爻辭。動爻當然很重要，但是你要清楚的是，你要問的事情，它之所以呈現出一個易卦，說明這件事情的來龍去脈是通過全卦六爻來總體反映的。其中的動爻，只是說明這件事處在當前這個時間點上，它所呈現出來的吉凶悔吝等狀況。所以，我們分析一個易卦，不能夠偏於一端，就像讀書一樣，你不能夠斷章取義，覺得一篇文章中間有一句好，就拿出來，只看這一句就完了，而是要在完整地閱讀整篇文章的基礎上，再把其中最精彩的句子反覆咀嚼。

「六爻相雜，唯其時物也」，當我們對一個易卦有了整體認識以後，就要看一個卦六爻之間剛柔相雜的組合情況。剛柔相雜，互相穿插在一起，就會產生種種變化。一個卦體現的是從始到終的一個全面的過程。

比如說乾卦，從初九「潛龍勿用」、九二「見龍在田，利見大人」，到九三「終日乾乾」、九四「或躍在淵」，再到九五「飛龍在天」，得大自在，最後以上九收尾，稍不謹慎就會「亢龍有悔」。乾卦從初九到上九是一個整體過程。比如我們人生立志，以潛心學修開始，先是「潛龍勿用」；然後稍有所成，能夠在社會人事間顯現出來，就是九二「見龍在田，利見大人」，有善因緣來相助，有貴人提拔你。但到九三的時候，雖有人幫助你，但做事情恰恰最需要仔細謹慎、如履薄冰，因為這是人生最關鍵的時期；再往上走，九四「或躍在淵」，到了上卦高層，有望更躍進一步，但是越到高層越要小心謹慎啊！不然很可能就會落入深淵。如果有幸到了九五之位，到最高位了，「飛龍在天」，達到了一個人事業的頂峰了，這時候還是要小心，不然就容易進入上九「亢龍有悔」的狀態。

所以，從乾卦上就可以體會我們在人生事業上的完整過程，但是在具體的進程當中，在當下具體的時間點上，我們現在處在哪一個位置？處在哪一種變化過程當中？就要看它具體所處的爻位。一件事情我們看起來非常複雜，有非常多的因素組成，但是如果落實在某一個具體的時

空點上，從時間、空間到人，天地人三才就定位一個座標點，在這一座標點上就具有唯一性。所以，在具體的時間點、特定的空間位置、特定的人就只能做特定的一件事情。這個時候並不複雜，是非常簡單的，就是我們當下一念要做的事情。如果把我們一生中「當下一念」所做的事情連成一條線，這就是我們的整個人生軌跡。

「六爻相雜，唯其時物也」，這裡的「時物」，就是我們當下一念的這個時間點。這就告訴我們，別管「六爻相雜」有多麼複雜的結構，有多麼不可預測的變數，但它統統都是由這一系列「當下一念」構成的。我們不管當下所處的爻位是陰也好、陽也好，總之，我們要有這個「當下一念」的覺照，要認識這個「時物」，就是我們經常說的知時節因緣。有了對「時物」的清醒認識，你就知道在當下自己該不該做？該做什麼？該怎麼做？做了之後的吉凶禍福是怎樣的？

今天我們大家到書院來，坐在這個課堂上學習《易經》，那麼就要牢牢守住當下學易的這一念，不要再東想西想，一會兒生意怎麼樣了，一會兒老婆孩子又怎麼樣了，一會兒又有什麼社交活動了，等等，這些統統都要放下。因為在當下這個時空交叉點上，我們學習《易經》才是唯一的「時物」，其它的一切想法都是妄念。

關注當下一念，這個話我們經常都在說，反覆都在聽，好像耳朵都聽出了繭，但是我們現在這個當下是什麼？如果我們用一個卦來反映我們這一群人當下學習《易經》的狀態，應該是六十四卦裡面的哪一個卦比較合適？大家說哪一卦比較合適？蒙卦？是，蒙卦比較合適。

對於《易經》，其實我們大家都還是「懵」的！雖然我在這裡給大家講，實際上，也還是半瓶子醋，邊講邊蒙，忽悠一個算一個。大家基本上都是初學者，都處於一個啟蒙狀態，正好就可以從蒙卦中來體會我們的學習狀態。我們體會蒙卦的總體精神以後，還要考慮每個人來自於不同的環境、不同的文化背景，傳統文化的基礎也有深淺不同的程度。那麼，蒙卦有六個爻位，這六個爻位不同的內涵，就代表我們處於蒙卦不同的位置和角度。從學修《易經》的角度來說，認識到我們處在蒙卦的哪一個位置上，這個是非常重要的。你認識到自己處在哪一個位置上，知道自己處於學修的哪一個階段上，你才知道該如何下功夫、如何才能學得更有效。這個也是「唯其時物也」的意思。

大家要留意，「唯其時物」可以說是《易經》學修中的關鍵點，是一

個大竅門。我們看易卦的象辭裡面，就會看到「豫之時義大矣哉」、「隨時之義大矣哉」、「頤之時大矣哉」等等句子，就是說某個卦對於當下、對於現實的意義是非常大的。「唯其時物」是對易卦的贊辭，目的就是要讓我們去體會當下的時節因緣。當下這個時機應該做什麼？自己當下的因緣是什麼？說白了，就是要把握當下一念。

最難把握一念之動

再看下面的句子，「其初難知，其上易知，本末也」。初，指初爻；上，指上爻。一般的解釋是「初為本，上為末」，因為一念之動，這是一切事情的最初因緣。如果我們一念未動，是不可能做事的，任何事情的根源都來自於一念之動。

打個比方說，遠古之人生存環境很艱難，一切都是為了吃飽肚子，也顧不上什麼味道，吃飽了喝足了就躺在那裡曬太陽，很舒服。但是後來生產力發展了，生產資料很豐富了，物質多起來了，不僅吃飽了，還突然產生了一個念頭：哎呀，這個味道如果能夠好一點就對了。大家要追求一點味道，給食物上撒點鹽巴，弄點胡椒花椒之類的。就是這最初的一個念頭，發展到現在，形成了一整套美食文化。我這個人吃東西最簡單，但怕的就是來了客人朋友，哎呀，幾個人聚在一起就發愁，把成都有特色的飯館想遍了，都想不出一個既有特色又價廉物美的好館子。什麼是本？這就是本，最初的一念之動，就為了舌頭上那麼一點點感覺，結果形成了這麼大一套飲食文化，不管是川菜也好、魯菜也好、閩南菜也好，總之形成了五花八門的不同的體系。實際從營養的角度來說，也許並沒有多少好處，有些佐料比如味精這些，甚至還有害於人體。

所以，整個人類文明，實際上都是一念之動的產物。現在的科學如此發達，飛機上天也好，宇航員登月也好，最初還不就是古人吃飽了躺在那兒曬太陽，看到鳥兒在天上飛來飛去好自在，就想，唉，我要是能像鳥兒這麼飛起來就好了。就這一念之動，現代的航太技術也就產生了。我們平常做事也是如此，好事情最初也是一念，壞事情最初也是一念；一個十惡不赦的犯罪分子，他之所以犯下彌天大罪，也是最初一念之動

產生的結果。

「初為本，上為末」，上爻都是由初爻發展起來的。為什麼說「其初難知，其上易知」呢？大家想想我們的最初一念，如果我們沒做過念頭功夫，沒有學修傳統文化，做事情的時候會不會想起最初一念？一般人往往都是事情有了結果以後，才會圍繞著結果產生喜怒哀樂。哎呀，後悔當初不該這麼想啊！哎呀，今天我運氣太好了，天上掉了餡餅了！哎呀，我怎麼這麼倒楣啊！我們往往都是盯著結果看，從來都沒有從最初這一念，從初生這一爻去判斷整個事情的發展和結果。佛教中有個說法叫做「菩薩畏因，凡夫畏果」，凡夫害怕的是結果，你看那些貪腐官員，一旦被「雙規」了，要進監獄乃至要掉腦袋了，沒有不害怕的，但早知如此，何必當初呢？一般人就是死到臨頭，才會害怕。真正有修行的人，在念頭功夫上很得力的人，他怕的是最初一念不正，他警惕的是產生這個結果的原因。事情已經到結果了，想改變都來不及了，能改變的只是產生結果的原因。

初爻作為一卦之初，一爻初動之時，這個卦還沒有形成，它各種可能性都有，所以說「其初難知」。正因為難知，所以才是考驗我們功夫的時候，才是行功夫中最重要的事情，因為它對結果產生的影響最大。上爻，作為一卦之末，它說明一個卦已經形成了，整個事情已經有結果了，所謂生米煮成熟飯，它當然是易知，很清楚明白。

易卦的上下、本末

在方山易的傳承上，本光法師對這一段、這一句還有更深入獨到的解釋。在方山易中，「其初難知」的這個「初」，它還可以指六爻重卦中的下卦；而「其上易知」的這個「上」，則是指上卦。

本光法師談到如何判斷一個卦時，說下卦三爻的爻辭中所出現的關於吉凶悔吝貞利這些結果、這些判斷之辭，它往往不是最終的定局，而僅僅是一些警告之辭，它是警告性的判斷。注意啊！這個道理是方山易的獨家專利，沒有任何其他易家這麼講過哦！下卦中所出現的這些斷辭，往往都是一些警告之辭、提醒之辭，它提醒占卦的人，遇到了這種情況

可能會出現什麼樣的結果，但是如果你能夠正心誠意、反身而誠的話，這個結果也可能會有所變化，可以通過我們人為的努力對它產生影響。但是，如果在上卦各爻當中出現了吉凶悔吝等等斷辭，那麼基本上就已成定局，結果就很難改變了。

所以我們可以這麼認為，下卦是因，上卦是果，因為易卦都是從下卦開始到上卦結束。另外，也可以認為下卦是前，上卦是後，前前決定後後；下卦是內，上卦是外，內因起決定作用，外部環境只能起輔助作用。

另外一個角度來說，我們所處的環境往往是很難改變的，我們面對這個現實、面對這個世界，很多人說很失望、很悲觀。很多人也有改變這個現實世界的志向，比如近百年來的中國革命，就有很多仁人志士為了改變中國愚昧落後的現實而不惜犧牲生命，為了推翻人剝削人、人壓迫人的社會制度而奮鬥，但是直到今天，他們的願望實現了沒有呢？我看未必！現在的貧富差距這麼嚴重，官僚體制又非常僵化，社會上的各種矛盾也很突出，如果我們打開電腦去看線民的輿論，就會看到很多令人無可奈何的現象。所以要想直接去改變社會、改變外部環境，這是非常之難。

真正能夠改變的是什麼？是我們每一個人的內心，從我做起，從每一個念頭的改變開始。如果我們從自己的一念之動開始關注，做好念頭功夫，時間一長，我們個人的精神氣質就會發生變化；隨著自我精神氣質的變化，我們周圍的小環境，比如家庭關係、朋友關係這些也會潛移默化。小環境發生了變化，擴而充之才會逐漸影響大環境，從而對整個社會風氣產生影響。如果我們不從自己內心的修養著手，一天只盯著別人、盯著社會、盯著那些陰暗面，那麼你的心態就會越來越不平，越來越憤世嫉俗，那麼，你對這個世道人心，也不會有什麼真正的幫助。

對於「本末」的解釋，在方山易中也有獨到的說法。前面我們所說的「本為初，末為上」也是解釋得通的，但方山易認為，本，從實際運用上來說，是指的一個卦的本卦。那麼末呢？即是由本卦派生出來錯卦、綜卦、互卦、之卦這些。我們判斷一個卦，首先就是要知本末。既要看到本卦，這個是牢固不變的，也是最應該重視的，同時也要從側面、從它的對立面、從它的變化趨勢上，對事態的全域作出一個清晰準確的判斷。

下面「初辭擬之，卒成之終」，正因為前面講了「其初難知」，所以對一個易卦最初的爻辭，我們爻辭作者所下的斷辭往往是非常之謹慎、非常之小心。前面我們講過「擬之而後言，議之而後動，擬議以成其變化」，通過最初的耐心分析、謹慎判斷、小心求證，然後「卒成之終」，才能得出全卦最終的結論，這個時候的結論才有根據、有價值，也才更準確。

在中爻互卦中體會卦德

「若夫雜物撰德，辨是與非，則非其中爻不備。」什麼是雜物？在《易經》裡就是指一個卦內部的爻位相雜，更明確地說，它就是指一個卦的中爻所形成的互卦。撰德，指的是占著之人或者《繫辭》作者，他是如何敘述易卦的卦德，即一個卦的核心內容。「雜物撰德」就是指一個卦的中爻相雜形成互卦，以此來敘說它的內在變化，來描述它的核心內涵，從而「辨是與非」，準確地辨析、判斷其中的吉凶禍福。

這一句意思很簡單，但具體面對一個卦，就不那麼簡單。所謂卦德，就是一個卦的核心內涵。八單卦各有各的卦德，但組成六爻重卦以後，上下卦是不同的卦德，怎樣才能夠統一起來？以什麼樣的原則去統一它？這個就一定要從互卦中去體會。

漸卦　　　未濟卦

我們舉一個例子：風山漸卦，你看外卦為巽為風，有風入之德，它是要吹進來，要透進來這種感覺；而其內卦為艮為山，有艮止之德。漸卦的上下卦，它的卦德是截然相反，巽風有很強的動感，而艮山卻凝重靜止。那麼，一動一靜之德是如何在漸卦中統一的呢？那麼我們來看它的互卦，二三四成坎，三四五成離，漸卦的互卦就是未濟卦。這就說明漸卦內部所體現的卦德還沒有真正融為一體，所以是火水未濟。那麼遇到未濟卦怎麼辦？你不能著急，不能硬來，只能慢慢來，這就是漸卦的特點。可以這麼說，未濟卦和漸卦的卦德是相近的，體現的都是一個很

緩慢的整合過程。從風山漸的卦象上看，一陣風吹到大山上，山穩穩當當地矗立在那裡，憑你再大的狂風又能把山怎麼樣呢？不可能把一座山吹垮吧！那麼，要想改變大山的面貌，對於風而言就只有慢慢來，這就是漸卦之德。只有通過風蝕作用，經過千百萬年的時間慢慢風化，才能有滄海桑田的變化。

所以，如果我們占事遇到漸卦之時，那你就急不得，就要從內卦這個艮止之德上用功夫，可能一年兩年，也可能要十年二十年才會見成效。

這就是「雜物撰德，辨是與非，則非其中爻不備」，就是要從中爻互卦中來體會卦德。《易經》六十四卦，往往卦名就是其卦德的體現。為什麼漸卦它是「漸」？因為巽風作用於艮山之故；為什麼泰卦它是「泰」？就是因為地天相交之故，等等。一個卦不管是精神含義也好還是自然屬性也好，總之，都可以通過中爻互卦來體會。

「噫！亦要存亡吉凶，則居可知矣。知者觀其彖辭，則思過半矣。」這一句就是作者感歎：哎呀，前面這些內容太重要了！如果你真正學通了前面所講的「原始要終，以為質也。六爻相雜，唯其時物也」，以及剛才講的「其初難知，其上易知，本末也」，那麼就是「存亡吉凶，則居可知矣」，你即使呆在家裡，秀才不出門能知天下事，你的大腦就像一台可以無線上網的電腦，只要你把思維的大門一打開，天下的事情都可以在你的腦子裡一一顯現，甚至連你出門買報紙的小錢都節省了。在《繫辭上傳》第二章裡說「君子居則觀其象而玩其辭，動則觀其變而玩其占」，就有一種「居可知矣」的感覺，就像白居易的名字一樣，居之則易，白吃白喝分錢不花，但天下之事盡在掌握中。

「知者觀其彖辭，則思過半矣」，這裡點明《彖辭》對於暸解易卦、判斷易卦的重要性。我們以前也講過，《彖辭》是對卦辭的全面解釋，相傳是周文王所作，解釋得非常精妙，非常詳細，而且對整個卦的理解也非常完整。如果一個聰明人有舉一反三的能力，對每一個卦的《彖辭》進行深入學習，精思入微，那麼即使不看具體六爻的爻辭，對於易卦易道，基本上也能夠學通一大半了。

判斷爻位的基本規則

下面這幾句，可以說是判斷爻位最基本也是重要的規則：「二與四同功而異位，其善不同；二多譽，四多懼，近也。柔之為道，不利遠者；其要无咎。其用柔中也。三與五同功而異位，三多凶，五多功，貴賤之等也。其柔危，其剛勝邪？」這一段是對爻位特點所作的歸納性闡釋，下面我們還是慢慢來學習。

「二與四同功而異位」，同功，就是指的第二爻與第四爻同居陰位，同有陰柔之功。六爻之位中，一三五是陽位，二四六是陰位。前面我們講「其初難知，其上易知」時，已經對初爻和上爻的特點作了分析，這一段主要是分析二、三、四、五這四個爻位的特點。

「二與四同功而異位，其善不同」，它們都是以陰柔、柔順作為基本功能，但是它們所處的位置是不一樣的，一個是處在下卦之中，一個是處在上卦之始。功能雖然一樣，但位置差別很大，感覺完全就是兩碼事。如果能夠得中，比如我處在這間屋子的中間位置，那麼我們對周圍的一切動靜都能夠觀察得到；如果不能得中，比如我只是蹲在一個角落裡，那麼視野就很有限。一個卦的第二爻與第四爻，因為「同功而異位」，所以它對全卦所起的作用、結果就大不一樣，這就是「其善不同」。

第二爻和第四爻到底會產生什麼不同的作用和結果呢？就是「二多譽，四多懼」。凡是處在第二個爻位的，往往就會有很多好事情，有很多讚譽之辭，這就是二多譽。為什麼會這樣呢？我們剛才說了嘛，它處在下卦之中、內卦之中，得中當然就處於很有利的位置了。四多懼，是因為第四爻處在上卦之初，離上卦之中位只有一步之遙。我們原來講過，一個卦的核心，也就是最重要的位置，就是第五爻，也就是上卦之中位，不管是六五也好，還是九五也好，對一個卦起決定作用的，就是這個爻位。上卦是代表全卦的結果，第五爻又是這個結果之中最中間、最重要的位置，處於結果的中心。大家想一下，第四爻這個位置已經挨近了第五爻，越是在臨近中心的地方，就越應該小心謹慎。「四多懼」正是由於其最接近上卦之中，也就是全卦之核心的緣故。

我們看中國歷史的很多經驗，所謂「伴君如伴虎」，你的位子離最高領導越近，你就越是要戰戰兢兢、如履薄冰，不然的話，很可能就會栽

跟頭。除了來自於第五爻的壓力外，同時第四爻還要接受第三爻的步步緊逼，你下面的人還在緊盯著你現在這個位子呢！說白了，如果你是處在宰相的位置，其它各部的部長級人物，也都還把宰相的位子盯著，那麼多想坐上你這把宰相交椅的人在算計你，能不多懼嗎？所以處在第四爻這個位置，確確是非常之難受。那麼「二多譽，四多懼」就是這樣一種感覺。

當然這裡說「近也」，是說二、四爻位的功用是很接近的。比如乾卦第二爻「見龍在田，利見大人」，你這條龍最需要的就是去跟九五爻這個「大人」相見，對不對？那麼你處在第四爻的時候，已經最接近九五，正是已經「利見大人」的位子。所以，二、四爻位都處於臣位、柔順之位，被動的感覺是很相近的。只不過因為爻位不一樣，或譽或懼的心理狀態就相差很大了。

「柔之為道，不利遠者，其要无咎，其用柔中也」。處陰柔之位，處柔順之地，處臣下之位時，我們應該如何做呢？就是「柔之為道，不利遠者」。雖然一陰一陽之謂道，但我們說陽主陰從，以陽剛為君主，以陰柔為臣輔。柔在本質上軟弱，必須依附於他人，疏遠時不利，這也正是陰陽之道的自然體現。二、四皆處於臣輔柔順之位，自古以來是臣不自立，必須要伴君而立。陰位就是指的臣道，那麼為臣之道，就必須緊隨其君主。我們看春秋戰國時期的故事，在各個諸侯國中，哪怕是德高望重、權傾一國的重臣，如果老主子、老領導不幸去世了，也必須要守君臣之道，哪怕是拐彎抹角找一個王族遠親，把他立為新王繼位，這些重臣都不敢自立為王哦！只有這樣，你才能夠圓滿你的臣道。不然的話，你有違臣道，作為一個叛逆之徒就會遺臭萬年。

我們現在做事，講的是一切成績都歸功於領導，歸功於上級。為臣之道，最重要的並不是要出好大的名、立好大的功，讓天下老百姓都讚美你、讚歎你，而是要輔佐君主、幫助領導去完成最高的目標。

為臣之道最重要的是什麼？就是「其要无咎，其用柔中也」。最重要的不是出頭得到多少功勞，而是默默無咎，不求有功，但求無過。實際上，功勞都歸之於君主了，所以沒有過錯，就是為臣之道最大的功績。如果你想要諸事無咎，那就必須是「其用柔中」，也就是以謙卑的心態行中庸之道。我們看易卦六位當中，陰位是二、四、六，全部陰位最好的位置、最得利的位置、最舒服的位置，就是第二爻。因為第二爻能夠「柔

中」，其它的四、六爻位都不能得中。所以，在易卦各爻之中，以陰柔之位而得到最高分的，當數坤卦六二爻「直方大，不習无不利」，可以說是為臣之道的最高水準。

「三與五同功而異位，三多凶，五多功，貴賤之等也。」因為三、五爻位都是陽位，陽位就是君主之位。處陽位之時，就要體現出一種陽剛之氣、自強不息的精神。這是處在陽位「同功」的狀態。至於說異位，與剛才我們分析陰位是一樣的，第五爻處於上卦之中，第三爻處在下卦之末，所以說它們體現出來的結果也不一樣。「三多凶」，第三爻雖處陽位，有一種陽剛之氣，但是你處在下卦之末，已經走到了下卦的盡頭，其位低賤，如果你翻不到上卦去，就會非常危險。「五多功」，第五爻當然是處於全卦最尊貴的核心地位，其它各爻都是圍繞著第五爻在動，所以，其它各爻所有的功勞當然都要歸功於第五爻。同為陽位，之所以會出現「三多凶，五多功」的結局，就是因為爻位的貴賤不同。當然，這裡的貴賤一說，是指三、五爻位在全卦中的具體作用不同而已，所謂貴賤者，實無貴賤，是名貴賤也。

「其柔危，其剛勝邪？」經過上面的一番分析，我們就可以從陰、陽不同的位置上面，來體會我們平常為人處事時應該採取的態度。這個態度就是由自己所處的位置決定的。處在陽位之時，做事就要有這種乾剛獨斷的感覺，就需要雷厲風行，說一不二。如果是處於陰位，那麼做事情的時候就應該小心謹慎，以柔順為主，以無咎為要。

第十章

易之為書　文以載道

第十章　　易之為書，文以載道

> 易之為書也，廣大悉備。有天道焉，有人道焉，有地道焉。兼三才而兩之，故六。六者非它也，三才之道也。道有變動，故曰爻；爻有等，故曰物；物相雜，故曰文；文不當，故吉凶生焉。
>
> ——《繫辭下傳》第十章

人事之道貫穿易卦六爻

　　下傳第八章一開篇，就是「易之為書也，不可遠，為道也屢遷」；第九章開篇又是「易之為書也，原始要終，以為質也」；第十章還是「易之為書也，廣大悉備……」，從這幾章來看，都是讚歎易道的成書，讚歎《易經》這部書是中國古代聖人對後世的偉大貢獻。

　　「易之為書也，廣大悉備。有天道焉，有人道焉，有地道焉。兼三才而兩之，故六。」作為易道本身它是其大無外，其小無內，其規模之宏大，指涉之精微，不可以對它有任何的局限，所以它是「廣大悉備」，詳盡無餘。不管是人事還是物理，不管是自然之道，還是社會之道，它都無不具備包容。這裡還有一個「三才」的概念。所謂「三才」，我們經常說哪個是天才，哪個是鬼才，哪個是人才。「才」是什麼意思呢？我們學古文有個偷懶的辦法，就是把一個字與另一個組合，組成同義複詞，

來考察它的意義。比如「才能」這個詞,「才」就是「能」,無才便無能。很多詞都是這樣,把兩個字放到一起,就明白這個字的意思。「天才」就是有天那麼大的能力;「地才」就是有地一樣的能力;「人才」就是人中之龍,是在人當中最有才能的;「鬼才」當然就是精靈古怪,匪夷所思,但是能力也很強。這裡所說的「三才」,就是傳統文化中經常說的天、地、人這三才。

「有天道焉,有人道焉,有地道焉」,一般的《易經》注解,認為把天、地、人放到具體的易卦中,是對爻位的理解。比如說在單八卦裡面,三根杠杠畫出來的一個卦,一般的注解就說,上爻講的是天道,就是天才;中爻講的是人道,人在天地之間,是人才;下爻是地道,是地才。這是從單卦的角度來說的,但「兼三才而兩之,故六」,就是指一個六爻重卦。重卦是把兩個單卦重到一起,一般來說,單卦不能為用,它只是一個象徵體系,整個《易經》要運用起來,必須形成六十四個重卦。所以,按一般的說法,上兩爻稱之為天道,中兩爻講的是人道,下兩爻講的是地道。所以,「六者非它也,三才之道也」,我們看易書上的注解,基本上都是持這個觀點。

但是,這個天、地、人的三才之道,在我們的修學系統中,尤其是從本光法師傳承下來的方山易,對這個說法有非常嚴厲的批評,認為這個說法牽強附會,把天、地、人三才的說法和易卦的六爻扯到一起,是完全錯誤的。為什麼這樣說呢?

因為按天、地、人三才的這個角度來看待易卦,就跟《易經》八卦的基本結構完全相左了。我們以前講過,六爻重卦是以下卦、上卦兩個單卦相重而成,如果按天、地、人三才來命名爻位的話,就完全把易卦的根本結構打破了,就沒辦法來「取象類比」。但是,「取象類比」是《易經》運用的核心和基礎。《易經》之所以跟其它的學術系統不一樣,其取象的基礎就是乾天、坤地、艮山、兌澤等這一系列的單卦。如果你連整個重卦結構都打亂了,那麼,《易經》作為一個系統也就不成立了。在《易經》的運用上,是沒有辦法按天、地、人三才的角度來判斷易卦和爻位的,只是在《繫辭》裡面有這麼一個說法,所以這個說法受到了方山易的嚴厲批評。同時,我們仔細分析《易經》六十四卦的卦爻就可以看出,每一卦、每一爻都是談社會人事之道。

所以,方山易認為《易經》六十四卦,是通講社會人事,極少涉及

自然之道。一個六爻重卦中，人道是貫穿了從初爻到上爻的全部爻位。這就是方山易跟其它各家易派區別最大的地方。

平等性與差別相

下一句，「道有變動，故曰爻；爻有等，故曰物；物相雜，故曰文；文不當，故吉凶生焉。」易卦的六爻主要是體現易道變化所形成的規律，不同的卦，六爻的陰陽組合都不一樣。社會人事活動變化的規律，主要就表現在六爻的位置上，表現在陰陽不同的組合上。我們前面也講過，「爻也者，效天下之動者也。」一個卦，如果爻動在不同的位置上，就表示這個事情、這個事物處在不同的變化階段上，那就有不同的吉凶悔吝的結果，這就是「道有變動，故曰爻。」

「爻有等，故曰物」，一個卦的每一爻位置都不一樣。從初爻到二爻、三爻、四爻、五爻，最後到上爻，都處於各個不同的等級。乾卦的例子最明顯，比如一個人剛開始的學習階段，就是「潛龍勿用」；到了有一點點成績顯現出來，就是「見龍在田」；為了更上層樓，就要非常小心、謹慎，就是「君子終日乾乾，夕惕若，厲无咎」的階段；接著到了上卦更高一層，「或躍在淵」，要麼進一步往上行，要麼就掉下來；過了這一階段，達到事業的頂峰，達到九五「飛龍在天」；最後「亢龍有悔」，高處不勝寒，又進入新的輪迴。從這個例子上看，六爻之位體現的就是不同的等級、不同的階段、不同的位置。

把易卦六爻落實到社會人事上，從個人的角度來說，就體現個人的不同變化階段；從社會結構來說，就體現出社會結構的不同等級。到這裡有人就會問了，佛教裡面講萬法平等、眾生平等，《易經》說「爻有等，故曰物」，是不是就不要平等了呢？

其實，佛教所講的平等，是不平等中顯平等。每一個人的人格、精神本體是平等的，但是你處在社會不同的位置，天生又是不平等的。你出生在上流社會的家庭裡，耳濡目染接受的教育就不一樣；出生在平頭老百姓家裡，耳濡目染的又不一樣，所以從這個意義上說，人一生下來就不可能平等。但是，這個社會性的不平等，並不妨礙你作為人類一分

子在人格上、精神上的平等。誰都有生老病死，誰都有喜怒哀樂，在這些人性的基本層面上，肯定都是平等的。

大自然裡也是萬法平等、眾生平等，但眾生平等體現在哪裡呢？就體現在物競天擇上面。處於食物鏈高端的動物，還是要以食物鏈低端的動物為食。老虎、豹子跟梅花鹿、羚羊、兔子這些相比，雖然一個處於食物鏈的上端，一個處於食物鏈的下端，但在老天爺面前，它們還是平等的。我最喜歡看「動物世界」節目，經常會受到很多啟發。為什麼一隻華南虎會引起那麼大的轟動，全世界都集中眼光在盯著你？是因為老虎這個物種，處於亞洲食物鏈的最頂端，如果食物鏈最頂端的物種還健在，說明這個食物鏈整個是完整的，是可以有效運轉的。為什麼呢？因為最頂端的物種要存在，必須是以整個食物鏈作為能量基礎，它本身也控制著整個食物鏈的平衡情況。前段時間看報導，說陝西的一個山裡面野豬成群，破壞莊稼，農民拿這些橫衝直撞的傢伙一點辦法都沒有，引起了到底該不該開放打獵狩獵的討論。但古代就沒有這種問題，為什麼？它的食物鏈是平衡的嘛，老虎豹子這些猛獸，對食草動物就有一個制衡作用，同時食草動物的數量，也會制約食肉動物的繁殖。所以，雖然看似有一個等級在，但這裡面也體現出一種互相制約，所以又是迴圈的，總體來說是平等的。

人類社會也是如此。古人說「天下不可一日無主」，這是一個非常重要的概念。如果天下一日無主，很麻煩，到處都會冒起包來，誰都想做天下之主，天下就會大亂，「寧為太平犬，不做離亂人」，生靈塗炭，老百姓就遭殃了。所以一個社會，作為最高的領導者，即使他平庸一點、水準差一點，但只要在正位上坐著，還在行使著他的權力，這個社會相對來說都比沒有這個平庸的頭領要安定得多、穩定得多。為什麼？因為這個結構是完整的，位子沒有空缺。所以等級是一個結構的感覺，是整體的需要，而不是一個貴賤的感覺。在學易的過程中，尤其要注意「爻位」，它的作用和重要性，就體現在這個「爻有等」裡面，就體現在它的差別、等級裡面。

文不當，故吉凶生焉

「物相雜，故曰文」，萬事萬物的表象是非常複雜的，一個看起來非常簡單的事物，實際上也有著非常複雜的現象；而一個看起來非常複雜的事物，也可以歸納成很簡單的現象。在這一點上，可以說是大小平等。

比如地球，遠遠地看就是一個圓球，非常簡單，但實際上一分析，七大洲五大洋，山川草木動物等等，複雜得不得了。我們看一粒米，很小很簡單，但仔細去分析，卻一點也不簡單。我們分析一下，一粒米的營養成分中，來源於光合作用的是多少？來自於泥土的又是多少？這一粒米是誰種的？是哪裡產的？吃到肚子裡怎樣變成養份的？有多少養份補充大腦？多少養份補充血液？多少養份補充骨頭？等等。這樣仔細一分析起來，可以說是無窮無盡。任何一個微小的事物都有無窮無盡的複雜性。所以，你要在一定的程度上描述它、表達它，怎麼辦？只有用文字、語言、文辭把它引申出來，這就是文化。人類文化很有意思，文化的作用是什麼？說白了就是把大千世界、自然與社會的種種複雜、種種無序的事物進行有序化、規矩化、條理化，讓我們在某一個尺度之下，在某一個範疇之內能夠認識和把握。

我們的文化描述了一個事物，它未必就是我們描述的那個樣子。我們所描述的事物，只是在某一個範疇之內，在某一個特定的條件之下，把無窮無盡的大自然、無窮無盡的社會、無窮無盡的生命本身，進行了一個有序化、概念化、秩序化，讓我們覺得在這個世界生活，不那麼充滿了不可知性、不那麼不可確定。「物相雜，故曰文」，文化的作用實際上就是這麼回事，你要體道而行，就要把文化這個東西透過去才行。

「文不當，故吉凶生焉。」前面我們說文化，實際上是對紛繁複雜、無秩無盡世界的條理化、有序化，但是「文不當」，就是對世界的秩序化、條理化表達得不恰當，處理得不恰當，那麼就是「吉凶生焉」，就會產生吉凶禍福等種種結果、種種變化。

我們看現代的社會文化，的確具有一定的傾向性，一旦形成了，對社會造成的影響就會很不一樣。現在的網路文化，對全社會、對青少年的影響好大！對人類將來是吉是凶、是禍是福，說實話沒人看得清楚。還有，對老百姓要如何引導？對社會輿論該如何導向？對社會上層該如

何監督？這些一旦形成了一種文化現象，就會產生不同的結果。所以，作為一個社會文化工作者，目前在社會上好像並不受重視，處於邊緣化，感覺現在這個社會上哪個有錢、有權，就腰板挺直，形象光輝。實際上，一個企業家、一個單位領導，如果事情做不好，也僅僅就是影響一群員工而已，但如果是一個有影響力的文化工作者，在文化上面，你的看法、觀點、意見，對社會造成的影響就非常大。當然，現在的文化狀況不容樂觀。前段時間，在網上有人對社會上最令人不滿的行業做了個排序，在這個排行榜上，像教育、媒體、醫療這些本應該充滿人文關懷、最具有影響力的行業，居於成為反面教材，成為最令人不滿的排行榜的前三甲！

這是一件非常危險的事情！對我們的社會來說，是一個很危險的信號！這就是「文不當」啊！這種情形會導致很不好的結果產生。「文不當，吉凶生焉」，不管是學校教育也好，社會講學也好，媒體上寫文章也好，凡是跟社會文化沾邊的行業，作為一個有眼光的政府，都應該予以高度重視，文化的影響力是絕對不容忽視的。

第十一章

易道中的安心法門

第十一章　　易道中的安心法門

易之興也，其當殷之末世、周之盛德邪？當文王與紂之事邪？是故其辭危。危者使平，易者使傾，其道甚大，百物不廢。懼以終始，其要无咎，此之謂易之道也。

——《繫辭下傳》第十一章

這一章講易道的興起和所處的時代。易道興起于商、周兩個朝代的交替之時，當商朝處於窮途末路的境況之下，周朝正逐漸興起，最終周代取代了商代。《周易》六十四卦是周文王被拘禁之時推演出來的，六十四卦的卦爻之辭，也是在同一時期先後形成的。所以，《易經》在周文王的家族世系中秘密傳承，到周朝取代商朝之後，才漸漸為世所知，並且用來指導一個朝代的興起，使中華民族的文化得以圍繞著這個核心形成，並傳之千古。

周文王和殷紂王，一個是周代興起的代表人物，一個是商代衰落的代表人物，他們作為中國歷史上非常出名的、成雙成對出現的人物，確實也體現出易道一陰一陽的特點。周文王所代表的是光明的一面，商紂王則體現為陰暗的一面；一個以德行流芳千古，一個以殘暴、荒淫遺臭萬年。正是這一正一反的兩個人物，代表了商周之際那個時代的特色，中國文化幾千年，對此都有定評。

但是，現在人的思想、行為也很奇怪。前段時間，看到一個報導，

是關於在央視「百家講壇」講《三字經》的錢文忠先生。說錢先生在接受採訪時為商紂王翻案，說兩千多年以來，天下最大的冤案，就是被冠之以暴君之名的商紂王。商紂王是歷史最悠久的冤案，然後重新給商紂王定位，說他是一個文武雙全、功勳卓著的君主。為什麼呢？他也列舉了一些原因，比如在開疆拓土方面，商紂王做出了貢獻，使國土變得更大了。另外，在改革社會方面，比如貴族中的比干、箕子這些人，商紂王把他們幹掉，弄他們下課，然後提拔了一些新人。當然，在《封神榜》小說裡面，這些所謂的新人，都是一些狐妖獸怪，是一些極盡奸佞險惡之徒。這個事情在網上鬧得很大，本來錢文忠教授講得很不錯的，名聲也是很好的，但就因為這個事情大家朝他扔磚頭。結果錢教授坐不住了，在博客上闢謠，說這根本不是他的觀點，是某家報紙打電話採訪他，然後斷章取義，把他的原話歪曲理解，編出來的這麼一篇報導。

現在很多事情確實說不清楚，媒體為了吸引眼球，不斷拿名人來說事，譁眾取寵；而有一些所謂的學者和教授的言行，有時候也讓人非常寒心。今天早上，我們還說起北大的一個教授、一個很出名的法律和心理機構的領導，居然公開說到北京上訪（即「信訪」是中國大陸特有的政治表達請願及申訴方式。）告狀的群眾，99%都是精神病，有偏執狂。這個事情也鬧得轟轟烈烈，我不想評價，只是心裡很不是滋味。想想自己的孩子正在讀中學，以後要考大學。北大作為中國學子心目中的最高學府，尤其是在人文方面是有著最優秀的傳統的。當年蔡元培先生在北大的時候，多麼了不起！那是整個中國新思想、新文化的策源地，但是，現在的北大教授居然是這個樣子、說這種話！想一下自己的孩子將來跟這樣的教授學習，會學成什麼樣子？現在的教育很危險了。

上面扯遠了點，回到我們的主題上來。下面一句「是故其辭危。危者使平，易者使傾。」當時周文王處於憂患、危難之中，繫辭之中自然有很多憂患之辭、危難之辭，如果現在誰要寫繫辭，上面說的社會上這些讓人憂慮的事情，可能也會寫到繫辭裡面去。之所以用了那麼多憂患之辭、危難之辭，不外乎就是提醒人們要防患於未然，對社會危機要有一個預見，以此對社會人事的變化保持警惕性，爭取能夠改變時局，改變社會狀況，使未來的社會能夠長治久安。「危者使平」，說那麼多危險的話，就是為了使社會安定下來、太平起來；「易者使傾」，如果我們把一個事情看得太簡單、太容易，忽視了社會危機，沒有真正的憂患意識，

那麼就容易麻痺大意，放鬆警惕，結果可能會有滅頂之災。

「其道甚大，百物不廢。懼以終始，其要无咎，此之謂易之道也。」易道涵括廣大，天地、自然、社會人事無所不容納於其中。就像佛教裡的布袋和尚一樣，「我有一布袋，虛空無掛礙。展開遍十方，入時觀自在。」布袋和尚把乾坤如意袋一打開，啥東西都能裝在裡面，把袋子一收，啥子東西都找不到了。易道就有這種感覺，「其道甚大，百物不廢」，啥子東西都裝在裡面。

「懼以終始，其要无咎」，這一句非常重要，也是易道的精要所在。真正的學易之人，尤其是對易道真正貫通了的人，對吉凶之事，往往都是一笑置之，並不放在心上。吉者隨它吉，凶者隨它凶。為什麼會這樣？因為如果吉凶都已經凸現了的話，已成定局，已是結果，就非人力能轉化了，面對這個結果，隨便怎麼掙扎都是沒有用的。所以《中庸》上說「素富貴行乎富貴，素貧賤行乎貧賤，素夷狄行乎夷狄。」素位而行，面對已成定局的結果，就像《莊子》所說的「知其不可奈何而安之若命」，這是你的命，所以你要安。對於一個真正的學易君子，最重要的東西是什麼？既然對吉凶悔吝這些結果無所謂，學易又是為了什麼？就是為了下面這句「其要无咎」，根本的是為了自己無咎，行為沒有過錯。至於我的行為能帶來什麼結果？只要行為沒有錯，結果也不會錯到哪裡去。如果一天到晚都盯著結果，瞄著一個好的結果去做，可能往往是天不遂人願，人算不如天算。所以，謀事在人，成事在天。要把吉凶悔吝的結果交給老天爺，只要自己做到問心無愧、無咎，沒有過錯，就能心安理得。

說白了，學易之要，還在於「安心」二字。這可是一個極高的境界啊！孔夫子說：「加我數年，五十以學易，可以無大過矣。」他老人家對自己學易的要求也就是「無大過」，實際上就是「无咎」兩個字。

但是，一個人又怎麼可能什麼事情都「无咎」，一點錯誤都不犯呢？要達到「无咎」的境界，就要「懼以終始」，從頭到尾都要提高警惕，一點都馬虎不得。我反覆說過，《易經》六十四卦、三百八十四爻，最重要的一爻就是乾卦九三爻，就是「君子終日乾乾，夕惕若，屬无咎。」要做到這個樣子才能無咎，沒有過錯。「此之謂易之道也」，你能夠做到無咎，就合乎于大易之道。

第十二章

大哉易道　君子躬行不已

第十二章　　大哉易道，君子躬行不已

夫乾，天下之至健也，德行恒易以知險。夫坤，天下之至順也，德行恒簡以知阻。能說諸心，能研諸侯之慮，定天下之吉凶，成天下之亹亹者。

是故變化云為，吉事有祥，象事知器，占事知來。天地設位，聖人成能，人謀鬼謀，百姓與能。八卦以象告，爻象以情言，剛柔雜居，而吉凶可見矣！變動以利言，吉凶以情遷。是故愛惡相攻而吉凶生，遠近相取而悔吝生，情偽相感而利害生。凡易之情，近而不相得則凶，或害之，悔且吝。

將叛者其辭慚，心中疑者其辭枝，吉人之辭寡，躁人之辭多，誣善之人其辭游，失其守者其辭屈。

——《繫辭下傳》第十二章

天地乾坤的精神法則

最後一章是對易道、對整個《繫辭》的一個簡單扼要的總結，對其中一些重要內容再一次提出來，作出強調和闡釋。

我們來看原文：「夫乾，天下之至健也，德行恒易以知險。夫坤，天下之至順也，德行恒簡以知阻。」這兩句，其實在《繫辭》上傳裡講乾

坤，「乾知大始，坤作成物」這一段裡面講得非常細，這裡不細講，只給大家做個基本的梳理就夠了。乾卦的精神，以「天行健」作為卦德，像天道的運行，有一種剛健自強、永不停息的精神。

西方哲學裡面總是在找第一推動力。物理學裡面說萬有引力，萬事萬物都是運動的，都有一個相互作用的力存在。但促使萬物運動的力是誰施加的？宇宙間能量是守恆的，但最初的能量來源於哪裡？牛頓沒辦法，最後只好回到上帝那裡，上帝是第一推動力。但是在中國文化裡面，就不存在這個問題。為什麼呢？乾為天，「天行健，君子以自強不息」，本來如此，沒有誰施加，也從來不會喪失，本來如此。所以，乾卦以天行之健作為它的卦德。乾坤二卦的卦德，都蘊含在萬事萬物之中。邵雍說「一物其來有一身，一身還有一乾坤」，任何事物都有它的體、相、用，任何一個事物也都全部體現了天地乾坤的精神和法則。

「德行恒易以知險」，恒易，就是永遠生生不息、變化無窮、自強不息。所以，有的書上注解說，恒易是指平易，是不對的，是望文生義。真正的意思是變易，永遠處在不斷變化之中。如果學易之人，能體會到這個乾道變化，那麼在社會上、人世間遇到任何艱難險阻，你都能夠明白來龍去脈，最終就能夠化險為夷。

「夫坤，天下之至順也，德行恒簡以知阻。」坤卦的卦德是至順至柔，能厚德載物，順從於天。坤德同樣也是時刻潛行於萬事萬物之中，體現出來的精神為簡潔、明快，如坤卦六二所說「直方大，不習无不利」。如果我們對坤卦的精神有深入體會以後，遇到任何艱難險阻，也都能夠一目了然，以柔順的態度待之。剛才我們提到莊子說的「知其不可奈何而安之若命」，這就是坤卦「恒簡以知阻」的體現。真明白了這一點，遇到再大的事情，也不會有翻不過去的坎，爬不過去的溝。

下面一句「能說諸心，能研諸侯之慮，定天下之吉凶，成天下之亹亹者。」這中間「能研諸侯之慮」的「侯之」二字是傳抄過程中出現的衍文，應是「能研諸慮」，跟前面的「能說諸心」相對。過去互相的書全靠傳抄，又沒有標點符號，所以容易出現「衍文」，刪掉就對了。

「能說諸心」，作為學易君子，平日裡太平無事的時候，就要用易道來「悅」自己的心。前面講過「君子居則觀其象而玩其辭，動則觀其變而玩其占」，平時在家安居的時候，就玩易，高高興興地拿易卦來做遊戲，像邵雍把六十四卦掛滿牆上，一天到晚坐在屋裡看著玩，就玩成了易學

大師。我們經常說，學易要具有娛樂精神，玩著玩著就玩通了。玩通了以後，一旦大事來臨，當然便能透徹社會變化，不管大小疑難之事，都能一目了然。

「能研諸慮」，就是能研究、明白人們關於社會的各種疑問。然後就能夠「定天下之吉凶」，能逐鹿中原，問鼎天下，建立一番宏偉的事業。就像諸葛亮一樣，「臣本布衣，躬耕於南陽」，他其實未必是在那裡「躬耕」，他可能也不怎麼種地，而是在家裡讀書研幾，走的就是觀象玩辭的路子，在南陽隱居，以玩易悅心。但是，他在隱居的時候把天下的變化推演得清清楚楚，瞭若指掌。等機會來了，劉皇叔三顧茅廬之後，諸葛亮出山輔佐他三足鼎立於天下，成就一番事業，那是非常了不起的。「成天下之亹亹者」，亹亹，就是連綿不斷，勤勤懇懇的意思，就是像諸葛亮那個樣子，為了理想而「鞠躬盡瘁，死而後已」。

先人謀而後鬼謀

「是故變化云為，吉事有祥，象事知器，占事知來。」前面我們說過「以動者尚其變」，一個有所行動的人，要注意通過易道來把握變化，對時節因緣，對社會人事的吉凶悔吝要有所掌握，這是學易的基本功夫。有了這一套基本功以後，再去做事情，當然是成竹在胸，就可以有所作為。

為什麼要學通易道的變化，才能有所作為呢？因為「吉事有祥」，不吉之事則有不祥。所謂祥，是祥瑞的預兆，一個好事情要冒出頭，它一定有預兆，不會空穴來風，天上掉餡餅。有些人晚上做夢踩到狗屎，第二天醒來高興得很，按四川話說，踩到狗屎要發財，這也是「吉事有祥」。當然，這是民間的說法，有人相信這個東西，同樣，不好的事情也有不好的預兆。你真的學通了《易經》、學懂了易道，就能夠知機，這個預兆一冒出來，別人忽視了，沒有看到，你卻能看到。所以你才能「變化云為」，才能真正有所作為。

「象事知器」，是對易卦之象的體會，就是通過易象，能夠辨別、使用乃至發明、創造一些對人類社會有用的器具。在《繫辭》下傳的第二

章裡面，從「古者包犧氏之王天下也」開始，舉出一系列的例子，不管是上山打獵，下河摸魚，還是坐牛車、坐馬車，乃至於修房子、彎弓射箭打仗，等等，都有易象為證，所以是「象事知器」。

「占事知來」，就是能占卜事情，了知未來的一些情況。前面講過「以卜筮者尚其占」，這也是《易經》的一個基本功能。《易經》之所以能夠流傳下來，在秦始皇焚書坑儒的時候成為漏網之魚，主要就是把它當成了一個預測占筮之書，是實用工具類書，所以留下來了。如果把它作為思想文化書的話，早就被秦始皇一把火燒掉了。

「天地設位，聖人成能」，天地乾坤，各有其位，天在上地在下，乾為主坤為從，乾健坤順，這些都有各自的位置和特點。落實到人道來說，對於天下之大事，所謂「定天下之位」，就是讓天下人各安其位，不要讓大家找不到位置，也不要讓大家坐在位子上不能安分守紀，搞軍閥割據混戰，搞得天翻地覆。如果真的天下大亂了，有本事出來收拾局面的，只有「聖人成能」，把萬事理順，把世道按平，只有少數的聖人才有這個能力。

「人謀鬼謀，百姓與能」至於說普通老百姓的婚喪娶嫁、生老病死，乃至於做生意發不發得了財、當官的還有沒有希望再高就一步，等等，這些說白了，都是小事情。這些小事情只需要「人謀鬼謀」。人謀，就是用人的理性思維、邏輯思維來判斷一件事情，這事可不可為？該不該為？做了以後會有什麼樣的結果？等等。「人謀」必須在「鬼謀」之前，也就是說先要用理智把事情分析清楚，實在不行了，退一萬步說確實是遇到了左右為難的事情，不曉得該咋辦，急得抓頭撓耳，這時也不妨打一卦、抽個簽，「鬼謀」一下。為什麼？安你的心嘛！你這麼做了，管它準不準，總之心就有定了，是吉就去做，是凶就不做。不管怎麼做，你心裡就不再忐忑不安了。做人做事，最怕的就是猶豫不決，拿不起放不下，一旦做了決定，不論結果如何，反正當時的心裡就擺平了。這樣的話，先人謀，不行再鬼謀，那麼普通老百姓的事情也就能搞定了。

所以，通過「天地設位，聖人成能；人謀鬼謀，百姓與能」這幾句，就從平定天下這樣的大事，到我們普通老百姓的日常小事，都一舉解決了。

我們再來看下面一段，「八卦以象告，爻象以情言，剛柔雜居，而吉凶可見矣！」八卦都是指單八卦，其特點是比擬自然的物象，來告訴我

們每一個卦的卦義之所在。我們看「乾坎艮震巽離坤兌」這八卦，都是比擬自然物象，跟人沒啥關係，跟吉凶悔吝也沒啥關係，只有在六爻重卦裡面，才有這些是是非非的東西。「爻象以情言」，一說到爻，就是指重卦，單卦不能稱爻，它只能稱儀，陽儀陰儀，只是擬象而已。「爻象以情言」，也就是說六爻重卦中的每一爻，都是告訴我們易象中蘊含的社會人生意義。每一卦的象辭，也是具體告訴我們關於社會人事中的現實情形、具體的情狀。這個地方的「情」，不是感情或情趣，它指的是情況、具體的狀況。「剛柔雜居，而吉凶可見矣！」一個卦的組成，是由陽爻、陰爻錯綜複雜組合在一起，然後顯現出各種事情所具備的吉凶變化的形勢。

我們說這一章是總結，這些內容在前面各章中也講得非常具體，涉及到錯綜複雜的卦變，等等。這裡大體上給大家提示一下，就不再重複講了。

火未發而煙先起

「變動以利言，吉凶以情遷。」精通易道之人，如果要有所行動，做事情想要有所變化，一定要仔細觀察社會現象。當然，觀察社會現象也可以落實到觀察卦爻之辭、卦爻之象，看它的變動規律。如果有利呢，就可以因此而動；如果不利，最好老實一點，安靜一點，不要輕舉妄動，動則生吉凶。另外，一個事情的吉凶禍福也不完全是定數，也可能隨著人的精神狀態、心緒狀態而發生變化。

我們學《易經》，一般人很容易拐到迷信的歧途中去，認為啥子事情都鐵定了。實際上，即使命運有一定的規律性，但也不是完全一成不變的。俗話說，三分天定，七分人為。所以，一定要把這些天人之際的精微之處看清楚，不要走入一種宿命論的怪圈中去。另外，我們判斷吉凶禍福，也要隨實際情況的變化而變化，並不是一成不變的。有時候打一卦出來，解釋有多種可能，怎樣才最準確，那就要看你解卦的能力是否通達無礙。

有一個故事，說是唐朝的易學大師李淳風跟一個人出去郊遊，在河

邊上，看到兩匹馬在過河，一匹紅馬，一匹黑馬。這些人平日無事，就喜歡觀象玩辭，以悅其心。於是大家說，我們來打一卦，看哪一匹馬先過河。這個人就打了一卦，為離卦，離為火，火是紅色，紅馬肯定先到河對岸去。李淳風打一卦，也是離卦，但他卻說黑馬先過去。那個人很不以為然，以為自己贏定了。但是一會兒之後，黑馬真的反超紅馬，先到岸上去了。那人覺得很奇怪，就問這到底是怎麼回事啊？我們都打的是離卦，離為火，紅色，應該紅馬先過去啊。李淳風就說：「火未發而煙先起」，火還沒燃的時候，煙先要冒起來，煙是黑色的，在火燃起之前嘛！

雖然這只是一個傳說，但說明一個道理，過去說文無達詁，詩無達詁，實際上，「易」更無達詁。我們判斷事情，一定要先人謀再鬼謀，先通過理性思維認真分析，根據具體情況來作出判斷，然後再參考易卦中的情況，來決定自己的行為。記住哦！一定要把這個先後次序搞清楚，不要動不動打一卦就說「八月有凶」、「三歲不覿」之類，生搬硬套，疑神疑鬼，往往就是自己嚇自己。

至道無難，惟嫌揀擇

「是故，愛惡相攻而吉凶生，遠近相取而悔吝生，情偽相感而利害生。凡易之情，近而不相得則凶，或害之，悔且吝。」這段內容可以講得很深、很細，但前面已講過，文字也比較淺顯，這裡就簡單梳理一下。

「愛惡相攻而吉凶生」，之所以產生吉凶，是因為人的愛好和憎惡，也就是喜歡什麼，討厭什麼。其實這個世界上本無吉凶、本無禍福。就像我們前面舉的食物鏈的例子，老虎、豹子要吃梅花鹿、羚羊、兔子，本來就是大自然的安排，無所謂好壞。但是我們教小孩子，說老虎那麼兇惡可怕，梅花鹿那麼溫順可愛，所以就有了愛惡相攻。其實，這都是人的偏好。把話說大一點，說到人最根本的問題，人的生死，也是一回事。生死本是非常自然的事，有生就有死，但一般人都是貪生怕死，好生而惡死。所以，有了這個貪生怕死的過程，遇到生，你就覺得很吉祥、有福氣；遇到死，走向衰落，你就認為是禍事、是凶。所以在易道裡面說得非常清楚，吉凶禍福產生的根源，就是人心的愛惡。

「遠近相取而悔吝生」，悔吝是介於吉凶之間的一種感覺，「悔吝生」的原因，是在於有親有疏。遠是疏遠，近是親近。你心裡面對人有了遠近親疏之分，那麼，悔吝就由此產生了。比如本來應該親近的一些人，可是你把他疏遠了，就會產生後悔的感覺；本來你應該疏遠的人，恰恰天天和你在一起同吃同住，不是冤家不碰頭，就會產生「吝」，就是非常不舒服，一天到晚心裡鬼火冒。在生活中怎麼避免「生悔吝」呢？那就看你怎麼取？怎麼捨？如果你能夠跳出取捨，像禪宗三祖大師在《信心銘》中說的「至道無難，唯嫌揀擇」，你只要不存揀擇之心，就會很輕鬆、很自在地面對社會生活中的複雜局面。

「情偽相感而利害生」，情是人的真情，偽是虛偽之情。真情和虛偽之情相互摻合在一起，就會有利害產生。對這一點大家都應該有所體會。如果人與人之間都是真誠相待，那麼一起做事就能形成雙贏，乃至於多贏，就不會有害。如果大家都是以虛偽相待，虛情假意地走到一起，做事情就會是一損俱損，對誰都沒好處。只有真情、虛偽摻雜到一起，才會出現一會兒有利、一會兒有害的複雜情況。在情偽相感的情況下，這就是考驗取捨功夫的時候。一般來說，一個人不可能是絕對的虛偽，也不可能是絕對真誠。你要求人人都能赤誠相見、每時每刻都保持真誠的狀態，這個不現實。現實就是「情偽相感」，在這種「利害生」的情況下能夠趨利避害，乃至跳出是非利害之外，才是學易之人的真功夫。

「凡易之情，近而不相得則凶，或害之，悔且吝。」易道在人事之中通常的情形是什麼呢？如果人和人走得很近，卻不相得，不能互相信任、互相包容，而是出現了互相猜忌、相互嫉妒等情形，那事情就不妙，就會凶。這一點很好理解。如果兩人不投緣，處不到一起，但互相不認識、不相干，也就不會產生不好的結果。如果兩個人本來性格迥異、格格不入，根本無法相處，但命運卻把你們湊到一起，這個就非常麻煩，往往是悔之晚矣！在這種情況下，「或害之」，互相都會受到傷害；「悔且吝」，又後悔又不舒服，沒有一天好日子過。比如現代人的離婚率很高，夫妻之間同床異夢，各想各的，大家不能相互信任，這個家庭就會受害，而且最無辜的就是孩子。再比如歷史上，皇族兄弟之間你死我活，宮廷之內鬥得血淋淋的，這也是很兇險的情況。而朋友之間，如果不能相互信任，吃喝玩樂的時候還可以，但真正大事情來了，危險來了，互相揭發，互相攻擊，相互出賣，這種情況也很多。

總之,「近而不相得則凶」,事情就非常之糟糕,大家都會大受其傷,或凶、或害、或悔、或吝,總之沒有什麼好結果。

察言觀色,知人知心

上面這一段,把人世間的這些情形說得很嚴重、很危險。正因為在人情世故上,有這麼多令人憂患的地方,所以《繫辭》在下面最後的篇幅裡,念念不忘叮囑大家,在人與人交往的時候,一定要小心,一定要學會察言觀色,要學會相人之術,尤其是在語言中觀察人的心性狀態、品格狀態。

「將叛者其辭慚」,兩個朋友合夥做生意,如果一個人要出賣商業機密,要甩你死耗子跑掉,那麼他跟你說話的時候就會有一種愧疚感,不好意思。其實道理也很簡單,人都有良知,只不過有人的良知能發揚出來、光大出來,能把自己身上的毛病解決,而有人的良知則被七情六欲遮蔽住了。但儘管如此,良知仍然存在,一旦做了違背良心的事情,良知還在起作用,這個作用就會在語言的細微之處反應出來。

「中心疑者其辭枝」,如果一個人說話的時候猶豫不定、支支吾吾的,那麼這個人的心中一定有疑惑,說話沒有底氣。對這種情況,平時我們也有所體會。比如大家圍坐到一起討論問題,每個人必須依次發言。這時候區別就出來了,有的人發言理直氣壯、滔滔不絕,說明他對這個問題確實有自己的認識和體會。但如果你對問題還沒有想清楚,這時候輪到你張嘴說話,一定就是支支吾吾,說不清楚。因為你心中有疑,還沒把你的想法確定下來。平常看人,如果他在闡述一個問題時沒有條理、秩序,語言也不清晰乾淨,那他對這個事情的認識一定是還沒到位。

「吉人之辭寡」,原因是言多必失。言多必失,寡言就少失。過失少的人,當然就處在吉祥不敗之地,這也是一個基本的道理。與之相反的是「躁人之辭多」,一個人內心很焦躁,必然會反應在外表上、語言上、行為上。

昨天跟一個朋友喝茶,從頭到尾就他一個人在說話,大家都只能聽他講。這個朋友倒是挺善的一個人,但就是思維剎不住車,張嘴就收不

住口。這就說明他內心很躁動，一個念頭接著一個念頭往外冒，今天做這個生意，還沒等做起來，明天又想去做那個生意。我就問他，兄弟，你現在在外面到底有多少個攤攤？他說事情倒是特別多，就是錢沒怎麼掙到。我就說你人這麼躁，能掙到錢才怪呢！哪天你安靜了，沒那麼多話了，估計就會有點成績了。所以，《大學》裡面講功夫，首先是知止，「知止而後有定，定而後能靜」有了止定的功夫，做事情才會集中力量，事業才容易成功。所以在這個「躁」字上，大家可以反觀自照一下。自己在遇事的時候，是不是有這種躁動？除了反觀自照，我們判斷朋友、合作夥伴時，也要看一下他是不是太急躁，急躁就容易考慮不周，容易失誤。

「誣善之人其辭游」，春秋戰國時多遊說之士，當然現在是等而下之，真正憑三寸不爛之舌遊說天下、博取功名的人已經談不上了，但到處說人壞話的「誣善之人」，倒也不在少數。你如果遇到一個人跟你說話，東一句天，西一句地，南北左右到處都說遍了，都還沒說到點子上，這時候你就要小心了。為什麼？如果一個人「王顧左右而言他」的時候，一定心中有不可告人的目的。這種人往往喜歡說人的壞話，喜歡挑撥離間。他說的話不可信，甚至有時候你要從反面去理解他的話。

「失其守者其辭屈」，這個很好理解，一個人失掉了自己的操守，失去了做人本分的仁、義、禮、智、信，那他說話肯定是很難做到理直氣壯，往往只會是點頭哈腰、猥猥瑣瑣，處處一副膽心怕事、理屈辭窮的樣子。

牢記四句根本教言

上面一段是提醒我們在接觸人的時候，要從言語中得出正確的判斷。大家可以從這些方面來仔細對照，印證自己是吉人還是躁人？是心中有疑的人呢，還是失其操守之人？實際上在古代的聖賢之道中，對人的語言是非常有講究的。如佛教對人的語言有四戒：第一是妄語戒，不能隨便說謊話。你不要以為說了謊，別人不知道，其實用《易經》的道理一判斷，就知道是真是假；第二是不綺語，不說那些粉飾太平、阿腴奉承

之語;第三是不兩舌,就是不做誣善之人,不做長舌婦到處去挑撥離間;第四是不惡口,就是說話注意文明語言,不說髒話不罵人。語言也是一把刀啊!語言這把刀有時比實際的鋼刀還要利害。這些佛教的基本戒律,也都是有關修行的很重要、很具體的細節。

為什麼《繫辭》最後用判斷人的語言標準作為結束呢?因為《周易》是牢牢地站在人道的立場上,揭示的是人類社會的各種現象,人與人之間的各種關係。在這些關係之中,準確地判斷一個人,是我們在人類社會中能夠很好地為人處事的基礎。我們這裡有學中醫的朋友,中醫雖然說醫易同源,但和《周易》出發點還有點不一樣。醫易更多是從自然的角度而言,很多用的是單卦,比如五臟所對應的坎、離、震、兌、坤卦,也都是三根杠杠的單卦。《周易》六十四卦是牢牢地以人道為核心,是站在人間社會的角度來推演其變化之道的。

最後再給大家寫幾句話,是本光法師在傳授方山易時的四句根本教言,貢獻給大家:「一曰正位凝命;二曰正位知命;三曰正位捨命;四曰命根濁亂,凝知捨難」。我們大家學習《易經》,把整個《繫辭》都學完了,相信對這幾句話應有所體會,這裡就不講了。大家一定要牢記這四句教,一生之大用足矣!

2008 年 9 月至 2009 年 5 月講畢
2011 的夏整理編輯完畢

---後 記---

　　將這本《易經繫辭大義》委託給「愛德法國際培訓」出版，終於了卻一樁心願。這讓我想起一句流行語：時間什麼都沒有改變，又改變了很多。

　　本書原是 2008 年在四川龍江書院開講《易經繫辭》的錄音整理稿，算是鄙人正式登臺講學以來輯錄出的第一部完整書稿。2012 年，在下離開成都，到廣東東莞創辦慧韜書院，期間抽空將本書進行編校整理，並內部印刷流通。其後，在下所講之《大學》《中庸》《周子通書》等儒學經典書稿，均陸續在大陸正式出版，但有關佛學與禪學方面的多部講記，以及這本《易經繫辭大義》，卻因各種原由出版受阻，十餘年來只能以「內部資料」的形式，在坊間流通傳遞。

　　2022 年，本人經歷一系列變故之後，到山東濟南創辦虎泉書院。六月，慧韜書院第二任院長楊浩君忽然來訊，云近日有臺灣國學培訓機構與慧韜書院建立聯繫，願出版此書，未知可否？本人一向不諳世事，更無半點市場經驗，聯絡出版之事便全權委託楊浩君打理。

　　「愛德法國際培訓」負責人劉建人先生，與在下素昧平生，卻在海峽對岸，默默關注鄙人之講學多年。今猝然聞之，訝異與感戴共存，慚愧與振拔交織，令人難以言表。想起曾經寫的一首詩來，似可略表此時心境：

> 萍水相逢宿世緣，孰知天命過華年。
> 深恐負人天有怨，惟將省己公乃全。
> 歷歷因果托性命，紜紜是非亂心田。
> 富貴窮達一場夢，鶴舞青嶂滿松煙。

立此存觀，以為後記。

2022 年 7 月 30 日
濟南・虎泉書院

國家圖書館出版品預行編目(CIP)資料

易經繫辭大義 / 史幼波作. -- 初版. -- 高雄市 ：
愛德法國際培訓有限公司，2022.12
冊 ； 公分
ISBN 978-626-96760-0-2(全套 ：平裝)

1.CST: 易經 2.CST: 注釋

121.12 　　　　　　　　　　　　　　111017309

EDIFY
Experienced Reliable Insightful

易經繫辭大義(下傳)
作　　者　　史幼波
責任編輯　　胡翡蘭
校　　對　　林雪莉
封面設計　　胡翡蘭
發 行 人　　劉建人
出 版 者　　愛德法國際培訓有限公司
住　　址　　高雄市楠梓區 811 大學二十六街 30 號 2 樓之 6
電　　話　　(07)3653325
網　　址　　www.edify-inc.com
讀者服務　　liu.cj@edify-inc.com
印 刷 者　　上校文化有限公司
出版日期　　2022 年 12 月(初版一刷)
定　　價　　全兩冊 NT 690 元
書　　號　　A001
ISBN 978-626-96760-0-2

Fb粉絲專頁